高等教育"十三五"规划教材·旅游酒店系列

酒店市场营销管理沙盘
实训教程

主　编　徐公仁　潘砚涛
副主编　樊　薇　杨　迎　于婷婷

北京交通大学出版社

·北京·

内 容 简 介

本书内容由 5 个项目构成：第 1 个项目为酒店组建，包括酒店经营管理任务规划、酒店资源盘点和团队组建；第 2 个项目为酒店品牌设计，包括品牌的概念和设计规划认知，酒店字号、logo 和广告语的设计；第 3 个项目为市场调查，包括市场需求特征洞察、市场细分及评估；第 4 个项目为酒店营销管理，包括竞单及无法履约的处理、酒店营销能力的构建；第 5 个项目为酒店运营管理，包括会议室规划和运营、客房规划和运营、餐厅服务计划和运营；第 6 个项目为会计核算，包括利润的核算和利润表的编制、资产负债表的编制。

本书适合作为本科和高职院校开展酒店营销沙盘实训项目的教材使用，也可以作为相关企业开展酒店营销沙盘实训项目的教材使用。

版权所有，侵权必究。

图书在版编目（CIP）数据

酒店市场营销管理沙盘实训教程/徐公仁，潘砚涛主编 . —北京 ：北京交通大学出版社，2020. 7

高等教育"十三五"规划教材. 旅游酒店系列

ISBN 978 - 7 - 5121 - 4269 - 5

Ⅰ. ①酒… Ⅱ. ①徐… ②潘… Ⅲ. ①饭店-市场营销学-高等学校-教材 Ⅳ. ①F719. 2

中国版本图书馆 CIP 数据核字（2020）第 130338 号

酒店市场营销管理沙盘实训教程
JIUDIAN SHICHANG YINGXIAO GUANLI SHAPAN SHIXUN JIAOCHENG

责任编辑：吴嫦娥

出版发行：北京交通大学出版社　　　　　　电话：010 - 51686414　　http：//www. bjtup. com. cn

地　　址：北京市海淀区高粱桥斜街 44 号

印 刷 者：北京时代华都印刷有限公司

经　　销：全国新华书店

开　　本：185 mm×260 mm　　印张：7　　字数：179 千字

版 印 次：2020 年 7 月第 1 版　　2020 年 7 月第 1 次印刷

定　　价：35.00 元

前　言

　　时间若白驹过隙，不知不觉间离我们第一套沙盘应用于高校教学已有五年的时间。五年来，全国已有近 20 所本科、高职、中职院校将我们研发的旅游酒店管理沙盘应用于专业实践教学中；同时，在北京交通大学出版社的鼎力支持下，我们也已出版了三本沙盘配套实训教材。"酒店市场营销管理沙盘"是我们面向旅游类专业开发的第四款产品，本书是"酒店市场营销管理沙盘"教学的配套教材。

　　在当前旅游类专业管理性质的课程教学中，我们遇到了一些痛点问题。其一，学生学习难。用管理学者德鲁克的话来讲，管理是一种实践，而学生没有实际工作经历，管理理论对学生来讲基本上是空中楼阁。其二，教师教学难。管理类课程教学中项目从哪里来，任务怎么出现，怎么设定，这些对任课教师都是极大的挑战和无奈。其三，管理知识和管理经验习得难。管理知识往往是"隐性的"，需要学生去经历、体会、反思、构建，指导自己的认知和行为，而不是像"显性的"自然知识一样凭借记忆或实验来获得。基于这三点考虑，我们管理类课程的教学模式、教学方法确实值得去改革、去优化，仅仅基于满堂讲授、案例讨论等传统教学方法是难以胜任的。管理沙盘在旅游类专业教学应用中是比较新的事物，之所以能够为师生逐渐接受、认可，并喜欢上这种教学模式，编者总结起来，无外乎以下几点原因。

　　一是沙盘教学实现了"学生为主体，教师为主导"的教学原则。课堂终究是学生的课堂，课堂教学评价不是以教师教的多少为衡量标杆，而应是以学生学的多少为衡量标准。"没有人能够唤醒一个装睡的人"，教学活动如果没有学生的积极参与，乐于学习，教学的效果是难以保障的。沙盘教学过程中，学生以团队方式进行经营模拟，收集信息，整理分析，自我决策，自我执行，自我反思纠错，教师作为引导师、咨询师的角色参与其中，让课堂变成学生的"舞台"，教师变成"编导"，实现主体回归。

　　二是沙盘教学体现了"体验为王"的新课堂理念。在以体验、参与为"消费"背景的新时代下，课堂不再是教师的讲演场，而应是学生的演武台。在管理沙盘教学过程中，学生即"员工"，学生模拟 CEO、各部门经理，接受工作任务，履行工作职责。这种体验式、沉浸式、对抗式的学习，让学生融入其中，乐在其中。

　　三是沙盘教学以"任务为导向"，以"解决问题为指引"，以"实现目标为追索"，遵循能力培养螺旋上升的规律，形成人才能力培养的闭环系统。沙盘教学过程中，学生经营的虚拟酒店，"利润"就是指挥棒，就是团队的最高目标要求；团队成员要分解财务任务、运营任务、人事任务、营销任务等，在任务执行过程中，要不断发现问题、解决问题，优化工作方案，方能更好地实现"利润"目标，这样的学习经历，正是学生成长、能力提升所需要的过程，沙盘教学正是契合、满足了这种需求。

在 2018 年 6 月教育部召开的新时代中国高等学校本科教育工作会议上，陈宝生部长提出，对大学生要有效"增负"，要把"水课"转变成有深度、有难度、有挑战度的"金课"。实际上，从教育教学质量上来讲，不仅是本科教育，职业教育也如此，课堂永远是教育教学的主战场。而管理沙盘教学，无论从形式上，还是内容上都与"金课"的目标（有深度、有难度、有挑战度）要求相吻合。所以我们也有信心，沙盘教学会在未来进入更多的旅游类专业教学中。

比较欣慰的是，我们的沙盘产品得到了广大同仁和学生的认可，这对我们是极大的鼓励，同时也鞭策我们不断去完善和开发更多、更好的沙盘课程，以服务于旅游类专业教学，这是我们的荣幸，也是我们应有的担当。本书项目 1、项目 2、项目 3 的正文及附录 A 由徐公仁负责编写，项目 1、项目 2 的扩展阅读由樊薇负责编写，项目 3、项目 4 的扩展阅读由杨迎负责编写，项目 4、项目 5、项目 6 的正文及项目 5 和项目 6 的扩展阅读由潘砚涛负责编写，附录 B 和附录 C 由于婷婷负责编写。当然，作为一款新的沙盘产品的配套教材，由于时间和能力的限制，难免有不妥不当之处，欢迎各界同仁给予批评指正，也欢迎大家与我们一同探讨、交流，共同促进旅游类专业教学质量的提升。编者的联系方式为15522510532，真诚希望听到读者的宝贵意见。

编者：徐公仁

2020 年 4 月

目 录

项目1

酒店组建

  内容概要

（1）酒店经营和管理任务概况；

（2）酒店期初的资产负债状态；

（3）酒店的融资规则；

（4）酒店组织结构中典型职位的职责、权限、胜任资格和组织关系特征；

（5）销售人员的薪酬规则。

  学习目标

（1）能够梳理清楚酒店的经营管理任务；

（2）能够根据资产负债表提供的信息说明酒店的资产状况和来源；

（3）能够根据融资规则计算融资额；

（4）能够进行无领导小组条件下的职责分工（形成酒店组织结构）和能够说明本职位的职责、权限、任职资格和组织关系；

（5）能够根据薪酬规则计算员工的工资额。

任务 1-1　酒店经营管理任务规划

酒店的营运过程就是利用各种资源，包括原材料、设备等物的资源，投资、借款等金融资源以及人力资源等进行价值创造的过程。这个过程包括各种具体活动，酒店所处的背景不同，制定的经营战略不同，这些活动及其组合也不同，而营销活动往往是酒店经营管理活动的核心。

本课程模拟酒店要进行的经营管理活动，包括以下八个组成部分。

（1）明确酒店经营的目标。长期来看，市场经济条件下的酒店大都是以财务最大化作为目标，也就是以利润为目标；但短期来看，也可能为了长期实现盈利而以市场份额的扩大等其他指标作为目标。本沙盘课程规定，在模拟周期内，以财务最大化作为经营目标。

（2）进行酒店的组建和组织工作。具体包括：盘点资源；识别组织结构的特征，进行人员分工；品牌设计；融资等。中心工作是完善酒店经营管理活动的基础要素。

（3）制定酒店的总体战略。相对于其他经营管理活动，酒店的总体战略是基础性和决定性的。酒店总体战略的中心问题是酒店要决定什么可为，什么不可为；如何竞争；如何发展壮大；如何协同。

（4）进行市场调查。这里的"市场"是一个相对宏观的概念。从微观来讲，"市场"指的是买方，所以"市场调查"指的就是对买方的调查。具体包括给总体市场分类，识别出细分市场，发现不同细分市场需求上和用户行为上的差异性，测算不同细分市场的需求规模和分布特征等。从宏观上来讲，市场调查还要调查针对竞争环境的竞争态势、管理当局的政策规划、供应商和协作伙伴的情况等，为经营战略和策略的制定提供依据。

（5）制定职能战略。包括营销战略、运营战略、财务战略等。营销战略的核心问题包括选择进入哪些细分市场，构建什么样的营销资源和能力（市场定位），进行销售预测等；运营战略的核心问题是以销售预测为依据，以提高效率为目标，组织和安排相关资源，对产品生产或服务创造进行计划；财务战略的核心问题是根据经营需求，决定如何融资等。

（6）执行总体战略和职能战略，开展具体的酒店经营和管理活动。

（7）进行会计核算。核算酒店的利润，编制利润表和资产负债表。会计实际是一个情报信息系统，它是对经营管理过程和结果的一个监控。通过会计核算，我们能够定量地观察和评价酒店的经营成果。根据财务分析，能够发现酒店经营和管理过程中的问题，为进一步改善工作提供依据。

（8）进行反思和总结。在每一个经营管理周期结束之后，要梳理清楚工作是如何做的，评价酒店的经营管理工作做得怎么样，分析原因，得出经验和教训，提出改进意见等。循环往复进行若干次，经营管理水平就会逐步得以提高。

任务1-2 酒店资源盘点和团队组建

酒店开展营销、运营等经营管理活动，需要利用各种资源，包括原材料、设备等物的资源，投资、借款等金融资源以及人力资源。开展经营管理活动的过程，其实质也就是利用各种资源创造价值的过程。就人力资源的利用而言，现代酒店是通过把人组织起来形成酒店的组织结构来实现的，具体包括划分职位，赋予职责、权限，匹配具备胜任资格的人，以及进行职位分类，形成部门，设定职位间和部门间的各种关系等活动，进而形成酒店的组织结构。

1. 酒店财务资源盘点

模拟酒店为五星级商务型酒店，初始资金为 3 000 万元，其中贷款 1 000 万元，自有资金 2 000 万元，详见表 1-1 酒店期初资产负债表。

表 1-1　酒店期初资产负债表

万元

资产	期初数	期末数	负债和所有者权益	期初数	期末数
流动资产			负债		
货币资金	3 000		短期借款	1 000	
			应交税费		
流动资产合计	3 000		负债合计	1 000	
非流动资产			所有者权益		
客房投资			股东资本	2 000	
会议室投资			利润留存		
餐厅及休闲吧投资			本期净利		
非流动资产合计	0		所有者权益合计	2 000	
资产总计	3 000		负债和所有者权益总计	3 000	

2. 酒店融资管理

贷款额度为上期末所有者权益的两倍减去已贷款额度。贷款周期为 2 期，每期利息 0.5%，利息按期缴纳，到期后还本、付息（本期利息）。

注：酒店首期贷款额度＝2 000 万元（酒店现在的所有者权益）×2-1 000 万元(酒店已贷

款额度)= 3 000 万元

酒店经营过程中，随着利润留存、本期净利的变化，酒店所有者权益也会发生变化，同时伴随酒店贷款、还款的业务操作，导致酒店的贷款额度会有相应调整。

3. 酒店组织结构

酒店期初管理人员共有 7 名，销售人员共有 15 名。各职位的关键职责如下。

(1) CEO：全面负责酒店经营管理工作。

(2) 财务总监：预算管理、融资决策、会计核算及财务分析。

(3) 销售总监：市场洞察、营销决策及运营计划。

(4) 销售文员：业务记录、绩效核算、行政管理。

(5) 会议销售经理：会议室的规划、资源计划及运营管理。

(6) 客房销售经理：客房的规划、资源计划及运营管理。

(7) 餐饮销售经理：餐饮资源的计划和运营管理。

酒店的组织结构图如图 1-1 所示。

图 1-1　酒店组织结构图

4. 酒店薪酬核算

1）销售人员工资

(1) 销售人员基本工资为 3 000 元/期，第一期共有 15 人。

(2) 提成分三部分：客房销售提成为本期客房销售额的 1%；餐饮销售提成为本期餐饮销售额的 3%；会议销售提成为本期会议销售额的 5%。

注：餐饮销售提成比例高，是因为餐饮的利润高；会议销售提成高是因为会议销售人员同时带来餐饮和客房销售收入，对酒店总体销售额贡献大（本期会议销售额只计算会议的销售额度）。

酒店初始拥有 15 名销售人员，后面每个周期按各自利润率比例（即净利润/销售收入），在前期人员规模基础上增减销售人员编制（四舍五入），盈利则增加人员，亏损则减少人员。如本期利润率为20%，那么下期可以聘用的销售人员将可以达到18人，即15+15×20%＝18（人）。

2）管理人员工资

基本工资+绩效工资，管理团队基本工资为6万元，绩效工资为上期净利润的5%。

 工作任务

（1）简述酒店的典型经营管理任务及其关系。

（2）根据资产负债表说明期初酒店所拥有资源的规模、分类以及来源。

（3）如果当期某酒店所有者权益为3 000万元，负债为600万元，根据贷款规则计算可贷款数额。

（4）以无领导小组的形式进行分工，形成酒店组织结构。

（5）陈述你的职位名称、关键责任及对任职资格的要求。

（6）描述酒店团队所形成的组织关系，包括指挥关系、协作关系和沟通关系。

（7）尝试从自身特长和缺陷的角度评价自己是否适合承担所分配的职位。

（8）如果第一期客房、餐饮和会议销售额均为10万元，计算销售人员的总工资。

 扩展阅读

酒店怎样进行组织管理

1. 酒店组织的定义

酒店组织是指为了达到酒店某些特定的目标，经由分工与合作及不同层次的权力和责任制度而构成的人的集合体。

这一定义说明一个组织要包含三个基本要素。

（1）组织必须具有目标。任何组织都是为目标而存在的，目标是组织存在的前提。

（2）组织必须具有分工与合作关系。分工与合作的关系是由组织目标限定的。

（3）组织要有不同层次的权力与责任制度。要赋予每个部门乃至每个人相应的权力和责任，以便实现组织目标。

2. 酒店组织管理

酒店组织管理就是通过建立组织机构，规定职务或职位，明确权力和责任，以使组织中

的成员互相协作配合、共同劳动，有效实现组织目标的过程。其意义在于提升组织效率。

组织管理工作的内容包括四个方面。

（1）确定实现组织目标所需要的活动，并按专业化分工的原则进行分类，按类别设立相应的工作岗位。

（2）根据组织的特点、外部环境和目标需要划分工作部门，设计组织机构和结构。

（3）规定组织结构中的各种职务或职位，明确各自的责任，并授予相应的权力。

（4）规定规章制度，建立和健全组织结构中纵横各方面的关系。

组织管理，应该使人们明确组织中有哪些工作，应该由谁去做，工作者承担什么责任，具有什么权力，与组织结构中上下左右的关系如何。只有这样，才能避免由于职责不清而造成的执行中的障碍，才能使组织协调地运行，保证组织目标的实现。

3. 酒店组织结构要素

酒店组织结构要素是指一定的权力结构和责权关系，从而形成组织的保证体系。

1）权力结构

即明确企业的权力关系。其内容有两个方面：一个是明确权力主体，另一个是权力均衡，以保证决策的民主性。

2）责权关系

管理者的行为由利益推动，由责任约束，由权力保证。

3）组织保证体系

决策主体要行使其职能，除了要有权力保证以外，还要依托组织保证，如智囊团、决策中心、信息系统等，为决策者出谋划策，做好方案评估、方案论证和决策宣传，提供及时、准确、适用的信息支援等。

组织中权力和责任应如何匹配是组织结构设计中的一个关键问题。有权无责，会使得权力无法受到约束，从而导致权力的滥用；有责无权，没有权力的支持，会使得工作没有积极性，不能激发组织效率的提高。因此，权责对等是最理想的权责匹配状态，对提高组织效率最有帮助。权力越大，承担的责任也应该越大。

4. 酒店主要的组织结构类型

1）直线制

酒店直线制组织常以等级原则为基础，主要特点是上级管理层与下级管理层以垂直方式进行管理，信息沟通和传递渠道只有一条直线渠道，一个下级只接受一个上级的指挥。

特点：机构简单，统一指挥，职责清楚，信息沟通迅速、决策迅速；但缺乏专业分工，

组织内信息沟通不畅，缺乏横向的协调关系。若业务扩大，这样的组织结构难以应对，因此多适用于经济型酒店。

图1-2为直线制酒店组织结构图。

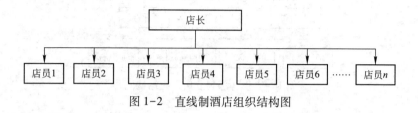

图1-2 直线制酒店组织结构图

2）直线职能制

酒店将直线部门作为对下级经营部门的直接指挥部门，职能部门仅作为对直线部门专业化的指导工作。

特点：分工专业保证了工作有序，指挥统一、权力高度集中，避免多头领导，可以使管理人员有更多的时间和精力解决较为重要的事情；但下级缺乏必要的自主权，各系统沟通较少，协调困难。酒店部门越多，层级越多。多适用于大中型酒店。

图1-3为直线职能制酒店组织结构图。

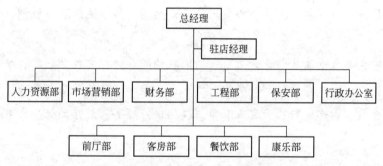

图1-3 直线职能制酒店组织结构图

3）事业部制

企业针对某个单一产品、服务、产品组合、主要工程或项目、地理分布、商务或利润中心来组织事业部。

特点：按产品大类或地区设立事业部，公司统一领导下实行独立核算，自负盈亏，具有相当自主权。多适用于大型酒店和集团化连锁经营；一个事业部通常是一个酒店，各事业部相对独立。

图1-4为事业部制酒店组织结构图。

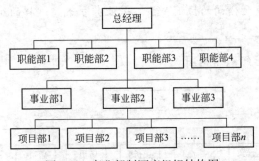

图1-4　事业部制酒店组织结构图

5. 酒店的部门划分

酒店按职能划分部门，有利于贯彻分工与专业化，有利于发挥专业职能，便于主管人员集中精力完成本部门的目标。

一般来说，酒店的前台部门主要有前厅部、客房部、餐饮部、康乐部等；后台部门主要有行政办公室、人力资源部、市场营销部、财务部、工程部、保安部等。

1）行政办公室

行政办公室是酒店的行政管理机构，其职责可概括为"三服务"和"四作用"，即为酒店高级管理层服务、为各部门服务、为员工服务；起到上传下达、联系协调、沟通信息、参谋咨询的作用。

行政办公室主要负责酒店与地方政府、新闻机构的联络；文件的领取、登记、送酒店高级管理层传阅、发送；政务的协调、督办；酒店公章和介绍信的使用与管理；酒店内部自办刊物的编辑、出版、内部发行；为客人和员工提供医疗服务；酒店的计划生育管理；员工美发室的管理等。

2）人力资源部

人力资源部的主要工作是根据酒店的经营目标合理组织劳动力，包括招聘、录用、培训、选拔、调整、考核、巡视督导、奖惩、工资福利、劳动保险、劳动争议处理等管理活动，谋求人与事的科学结合和人与人之间的紧密配合，达到提高员工整体素质，改变和有效调整员工队伍结构，充分调动员工的积极性、创造性、最大限度地提高员工的工作效率的目的。一般下设人事部、培训部、质量管理部等。

3）市场营销部

市场营销部在总经理的直接领导下，以扩大客源、增加酒店收益、保持酒店形象为中心开展营销工作，同时还是酒店对外营销和宣传的窗口，是外联和广告宣传的中枢部门。

市场营销部负责分析酒店客源市场，收集相关信息；设计、美化酒店标志及广告策划；代表酒店与租赁经营单位及长住商社签订合同；负责酒店所有客房的预订、统计工作等。市场营销部设有办公室、旅行社市场、日韩市场、欧美市场、政企市场、广告策划、市场分析以及预订部等。

4）财务部

财务部担负着酒店聚财理财的重要职责，是整个酒店经营管理工作的信息中枢，是反映酒店经营成果、为总经理进行市场预测和经营决策提供信息和数据资料、督导各部门改善经营管理、提高经济效益的职能部门。

财务部的工作主要有：根据国家的政策、法令、财经制度等制定和完善酒店的财务管理制度和内部财经稽核制度；核算营业收入、成本、费用和利润；监督、检查、分析酒店营业、财务计划及各部门收支计划的执行情况，考核资金的使用效果，定期向总经理报告收支情况，提出改进意见等。下设会计核算组、收入稽核组、成本控制组、综合计划组、信息技术部、中心仓库、收银处、验货室等。

5）工程部

工程部是酒店重要的后勤保障部门，主要负责酒店设施设备的运行管理、维修保养、更新创造，确保酒店为客人提供一个良好的居住、工作与生活环境。工程部以保证设备、设施各系统处于良好的运行状态，使客人处处感到安全、舒适与方便为工作目标。

工程部负责酒店机械、电器设备的日常维修与保养；酒店建筑装潢、工程更新改造；通信设施、卫星收视设备的维护等。下设办公室、电气部、机械部、土木装修班、集中供热站等。

6）保安部

保安部是酒店安全管理的职能部门。在酒店高级管理层和上级公安、消防、司法等政府主管部门的领导下，根据"没有安全就没有旅游事业"的精神和"宾客至上、安全第一"的原则，确保酒店的经营秩序和工作秩序正常运行，保障酒店、宾客、员工的人身财产不受侵害；协助公安、消防、司法、国家安全部门侦破查处刑事案件、治安案件和治安灾害事故；依法做好酒店的安全管理工作。保安部下设办公室、内保组、外保组、警卫组、消防中心组等。

7）前厅部

前厅部是酒店经营与管理的神经中枢，是酒店为宾客提供接待和服务的窗口与桥梁，是为酒店高层领导和营业部门提供宾客信息与作出经营决策的参谋机构。其工作与管理质量的优劣，不仅影响酒店的经济效益，而且还会影响酒店的社会效益。

前厅部由办公室、前台、礼宾部、商务中心、商务楼层前台、总机、大堂副理、财务等组成。

8）客房部

客房部是酒店经济收入的主要来源部门之一，其经营、管理的客房既是酒店产品的主体,又是酒店设施设备的重要组成部分。因此,客房部的经营管理水平与服务质量,不仅直接影响到客人对酒店的印象,还关系到酒店的经济效益及整体声誉。

客房部主要负责酒店的客房服务、洗衣服务、清洁服务等工作,本着"宾客至上,服务第一"的宗旨,努力为宾客提供安全、规范、迅速、礼貌、热情、真诚、卫生、周到的酒店服务,为酒店宾客创造一个良好的居住条件和工作环境。客房部设有客房办公室、客房服务中心、客房楼层、洗衣房、布草房、公共区域等业务部门。

9)餐饮部

餐饮部是酒店重要的生产、服务部门,是酒店经营活动中重要的经济支柱之一。其经营目标是为酒店客人提供全面的餐饮、会议等综合服务,以优质的服务满足客人的需求。其工作的好坏,直接影响酒店的经济效益和声誉,也反映酒店管理水平和服务质量的优劣。餐饮部设有各类餐厅、宴会厅、酒廊及酒吧等营业部门,以及管事部、员工餐厅两个后勤部门。

10)康乐部

康乐部是为宾客提供娱乐健身等服务项目的部门,是酒店增加功能,方便客人,满足客人需求,并借以吸引宾客,提高酒店声誉和营业额的重要组成部分。

康乐部由球类、棋牌中心,游泳健身中心和娱乐休闲中心构成。

6. 酒店的管理层级

一般酒店的管理层次分为四层,即操作层、基层管理者、中层管理者和高层管理者,呈金字塔结构,越往上职位越少。其中,操作层主要包括一线服务人员、操作工和普通职工;基层管理者主要包括领班和主管;中层管理者包括各部门经理;高层管理者包括酒店总经理、副总经理、驻店经理和各部门总监等。

图1-5是不同层级酒店管理者结构层次图。

图1-5　不同层级酒店管理者结构层次图

项目2

酒店品牌设计

 内容概要

（1）品牌的概念；

（2）品牌设计的规则；

（3）酒店字号、logo 和广告语的设计规则。

 学习目标

（1）理解品牌的概念，能够举例说明品牌的本质属性；

（2）能够根据品牌设计的规则设计酒店字号、logo 和广告语。

品牌管理是酒店营销管理的一项重要内容，通过设计和建设品牌进行品牌营销，可以有效地增强酒店的竞争力。

任务 2-1　品牌的概念和设计规则认知

1. 品牌的概念

根据美国营销协会（AMA）的定义，品牌是一个名称、术语、标记、符号或设计，或是这些元素的组合，用于识别一个销售商或销售商群体的商品和服务，并且使它们与其竞争对手的商品和服务区分开来，所以以"标识"为载体的"识别性"是品牌的第一个本质属性。

每个品牌都会根据用户的需求对外界做出承诺，以吸引客户购买。这些承诺有时甚至会雷同，但外界对该品牌的认可程度和购买行为却有所不同，原因是用户对不同品牌的"信任"程度不同。"信任"程度高的，其承诺就被认可，并且表现在购买行为上；否则，用户就会有所保留甚至抵制。这种"信任"，就是品牌的第二个本质属性，表现为"商誉"。

不同的产品或服务，用户消费之后的体验会有所不同。这种不同的体验，除来自产品本身外，还来自对品牌的不同认知。也就是说，品牌认知的差异会导致来自产品本身之外的不同产品或服务体验，这种非来自产品或服务本身而来自品牌认知的"体验性"，就是品牌的第三个本质属性。

基于客户和品牌的互动，品牌和客户之间会逐步产生较为稳定的相互影响。如品牌好感或品牌忠诚，这就会形成一种"关系"。这种"关系"就是品牌的第四个本质属性。

2. 品牌的设计规则

典型的品牌设计内容，包括品牌名称、logo 及广告语。它们是品牌"识别性""信任感""体验性""关系"功能的载体。在设计时，要明确三个具体目标。

（1）明确品牌的目标人群是谁，也就是解决"对谁说"的问题。这是之后进行品牌定位和创意的基础。"对谁说"的问题取决于市场细分及目标市场选择的结果。

（2）明确价值主张是什么，也就是选择"说什么"的问题。一般可以从三个角度去选择说什么（即定位点），分别是产品或服务的属性、能够给用户提供的利益和能够给用户提供的价值。

属性方面，定位点选择的范围可以是营销组合要素的各个维度，只要能产生利益的方面都可以成为属性定位点的备选对象，如产品属性、价格属性、渠道属性和沟通属性。产品属性包括原材料、工艺、形态等内部属性和服务、品牌、包装等外部属性；价格属性包括价格

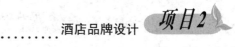

高低、价格调整和促销酬宾等；渠道属性包括便利性、响应时间等；沟通属性包括信息内容、传播形式、传播时间和传播媒体等。属性定位点只是这些方面的具体化，而营销组合其实就是这些属性的组合。

利益方面，定位点选择的内容可以是营销组合要素各个维度给用户带来的利益。这包括心理利益和工具利益（工具利益又包括功能利益、体验利益、财务利益）。

如果在属性和利益层面与竞争对手都形不成有效的差异，可以从价值层面选择符号性的定位点，如舒适的生活、成就感和幸福感等。

筛选的依据有三个：该"定位点"，产品或服务是否具备；该"定位点"是否能让该品牌和竞争对手形成差异；该"定位点"是否以顾客的"需求"为基础。

（3）如何引起顾客关注，让顾客容易理解和记忆品牌的内涵，也就是解决"创意"的问题。这要考量顾客的认知基础和认知规律，以及可以利用的传播工具等因素进行创意。

任务 2-2　酒店字号、logo 和广告语的设计

典型的品牌载体包括企业字号、logo 及广告语等形式。进行酒店的品牌设计，就是进行酒店字号、Logo 及广告语等品牌载体的设计。

1. 酒店字号的设计

字号是企业名称的核心要素。企业的名称由四部分组成，分别是行政区划、字号、所属行业和组织形式。例如，北京嘉里酒店有限责任公司，北京是行政区划，嘉里是字号，所属行业是酒店，组织形式是有限责任公司。在企业名称的四个要素中，行政区划、所属行业、组织形式三个要素属于共有的要素，而字号是可以独占的要素。在同一登记主管机关辖区内，企业名称中的行政区划、所属行业、组织形式三个要素在所有同行业企业名称中都可能完全相同，唯独字号不得相同。所以，字号是企业名称的一个核心要素，是企业名称中最显著和最重要的组成部分。

字号具有识别性和表意性特征，可以实现品牌的识别功能。基于认知基础的体验功能，字号也可以承载"商誉"，并以此来实现品牌的"信用"功能。

根据工商企业登记的相关规定，字号必须由两个以上的汉字组成，最低不得少于两个，上限没有限制，可以是三个汉字，也可以是五个汉字；必须使用规范的汉字，不得使用外国文字、汉语拼音字母、阿拉伯数字；一般不得使用行政区划、行业字词。

2. 酒店 logo 的设计

logo 即品牌标志，是指品牌中可以被认出、易于记忆但不能用言语称谓的部分，包括符

号、图案或明显的色彩或字体，又称"品标"。品牌标志与企业字号都是构成完整的品牌概念的要素。

品牌标志是一种"视觉语言"。它通过一定的图案、颜色来向消费者传递某种信息，以达到识别品牌、促进销售的目的。品牌标志自身能够创造品牌认知、品牌联想和消费者的品牌偏好，进而影响品牌体现的品质与顾客的品牌忠诚度。因此，在品牌标志设计中，除了最基本的平面设计和创意要求外，还必须考虑营销因素和消费者的认知、情感心理。

品牌标志的设计一般应遵循以下原则。

1）设计要简洁明了

物质丰富的社会，品牌多如牛毛，人们不会特意去记忆某一个品牌；只有那些简单的标志，才能留在人们的脑海中。

2）利益要能够被准确表达

品牌的标志，归根到底是为品牌服务的。标志要让人们感知到这个品牌是干什么的，它能带来什么利益。

3）设计要有美感

造型要优美流畅、富有感染力，保持视觉平衡，使标志既具静态之美，又具动态之美。

4）要具备时代性与持久性

标志的设计要兼具时代性与持久性。如果不能顺应时代，就难以产生共鸣；如果不能持久，经常变化，就会给人反复无常的混乱感觉。

5）设计要符合人的认知规律

字体要体现产品特征，要容易辨认，不能让消费者去猜，否则不利于传播；同时，字体要体现个性，与同类品牌形成区别。在色彩的运用上，要注意不同的色彩会有不同的含义，给人不同的联想，也分别适用于不同的产品或服务。

3. 酒店广告语的设计

广告语，即广告标语，是为了加强受众对企业、商品或服务的印象，在相当长一段时期内反复使用的固定宣传语句。它是广告中令人记忆深刻、具有特殊位置、特别重要的一句话或一个短语。广告语的寿命较长，有的差不多会和企业的名称、商品的商标始终相伴。因为一句广告语长久、重复使用，日渐变成生活用语，人们一听便知是某企业的某产品或某服务，从而提高了其知名度和销售的连续性。广告语在广告中所起的作用是画龙点睛、锦上添花。

广告语的设计一般应遵循以下原则。

1）设计要简洁

广告语要抓住重点、简明扼要。不简短就不便于重复、记忆和流传。广告语在形式上没

有太多的要求，可以是单句也可以是对句。一般来说，广告语的字数以 6～12 个字（词）为宜，一般不超过 12 个。这样的例子我们随处可见，能够在社会上广泛流传的广告语基本上都是很简短的。

2）内容要明白易懂

广告文字必须清楚简单、容易阅读、用字浅显，符合潮流，内容又不能太抽象，使受过普通教育的人都能接受。广告语应使用受众熟悉的词汇和表达方式，句子流畅、语义明确；避免使用生词、新词、专业词汇、冷僻字词，以及容易产生歧义的字词；也不能玩文字游戏，勉强追求押韵。

3）发音要朗朗上口

广告语要流畅，朗朗上口，适当讲求语音、语调、音韵搭配等，以利于传播。

4）力求创意上的新颖独特

广告语的设计，要尽可能在"新"字上下工夫。广告语的表现形式要独特，句势、表达方法要新颖独特，切忌抄袭硬套，可有适当的警句和双关语、歇后语等，以迎合受众的好奇心和模仿性，唤起心灵上的共鸣。

5）主题要突出

广告语是广告正文的高度概括，它所概括的广告主体和信息必须鲜明集中，人们看到它就能理解广告主要宣传的是什么。一条广告语可以选择不同的诉求点，即强调的方面不同，但总要突出某一方面，这样才能使人印象深刻。

工作任务

（1）举例解释品牌的四个本质属性；

（2）设计酒店的字号；

（3）设计酒店的 logo；

（4）设计酒店的广告语；

（5）各组轮流说明本酒店品牌设计的内涵和理由。

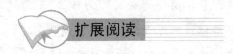扩展阅读

酒店行业如何做品牌策划

酒店品牌策划就是运用酒店营销手段来塑造酒店品牌形象。酒店品牌打造得好，就是酒店品牌形象塑造得出色。酒店品牌形象的打造有一个模式三条途径：一个模式就是"整合

品牌营销"模式,三条途径就是导入"品牌形象识别系统""品牌推广运营系统""品牌管理控制系统"。

酒店品牌形象不是孤立存在的,而是由酒店营销中的其他形象罗织起来的,如产品的形象、价格的形象等,它们都关系到酒店品牌形象的建设。酒店品牌形象建设的具体内容主要包括"酒店品质形象""酒店价格形象""酒店广告形象""酒店促销形象""酒店顾客形象"。

酒店品牌是隶属于一个酒店市场主体的。酒店品牌形象与酒店企业形象息息相关。建立酒店企业形象,可从"有形的建设和无形的建设"入手。前者指的是导入企业形象识别系统(CIS);后者指的是营造企业的精神文化。但这些都是企业内部的打造。建立企业形象,关键还是在于更多地进行媒体的宣传报道。当然,这些媒体消息必须是有利于企业的。如果缺乏媒体的支撑和传播,企业的形象就不可能转化为市场的形象。企业的形象终究还是要得到市场和社会的承认的。

1. 如何建立酒店品质形象

品质形象是品牌形象的基础。建立品质形象并不只是简单地提高一下产品的质量,关键是要建立起"良好品质"的印象。要从一开始就做到这一点,这十分重要。良好的第一印象是成功的一半。另外,产品需要改良的地方很多,我们要从何处下手呢?请记住,一定要先从能够"看上去就好"的地方下手。品质形象不能仅仅停留在"用了就说好"的层面上,要做到"看了就说好"才行。所以说,品质形象要有"看得见、摸得着、感得到"的改善才能满足打造品牌的要求。

2. 如何建立酒店价格形象

我们常用产品零售价格的高低来形容其价格形象,认为高价格就是好形象,价格低就是坏形象,这的确有失公允。应该说,价格的高低是相对而言的。在与同类产品的比较中才有高低之别。在产品缺乏"看上去就好"时,定高价会有损品牌形象,消费者会问"凭什么"。但当产品的品质形象建立时,定低价也会有损品牌形象,消费者会问"为什么"。所以我们认为,品质形象和品牌形象是价格形象的基础。那些以成本定价者太保守,以利润定价者太感性,因此,"品质/价格"和"品牌/价格"的定价模式才更合乎打造品牌形象的一些需要。

3. 如何建立酒店广告形象

做市场就要做广告,但做广告可不一定就能做好市场。卖产品就要做广告,但做广告可不一定就能卖出产品。造成这一尴尬结果的原因，很多情况是因为广告形象不好引起的。我们要建立广告形象，酒店有两条可控制因素和一条不可控制因素。两条可控制因素，一是选择大媒体做广告，二是进行大投入做广告；一条不可控制的因素是广告质量，包括创意和制作水平。简而言之，建立广告形象需要"二大一高"，即"大媒体、大投入、高水平"。媒体大，形象就大；投入大，形象就强；水平高，形象就好。

4. 如何建立酒店促销形象

酒店销售促进是一种十分有效的市场推广手段。但它也是一柄双刃剑，弄不好也会伤及自身。由于品牌在打造过程中，需要经常使用一些促销技巧，品牌经理就必须仔细考虑哪些促销方法有可能损害品牌形象。"打折销售"是比较明确的一种损害品牌形象的促销方法。当然，"大甩卖"就等于把品牌扔进了泥潭。只要我们用心看一下，你不难发现，凡是那些与"降价"有关的促销方式对品牌形象的打造都是不利的；但有些事情也物极必反，"狠狠地降一回价"有时也可以引起一波市场革命。市场得以重新整理，地位可以重新排队。品牌的知名度和消费关注度也会有意想不到的提升。1996 年 3 月中国的长虹彩电大降价 18%，它的市场占有率当年上升了 13.5%。

5. 如何建立酒店顾客形象

20 世纪 70 年代，有一个十分重要的酒店营销理论得以诞生，那就是美国人列斯和特罗特的"定位论"。自那时起，酒店产品就不再是为大众服务了，而是为一部分人所享有。这一部分人就产生了特定的"酒店顾客形象"。你可以想一想坐"奔驰"汽车的都是些什么人；背"LV"包的属于哪一类；谁才会常常喝"茅台"酒。没错，品牌的管理者就应理所当然地使品牌为这些人服务。但要做好这一点，最有效的方法就是动用价格杠杆。若想招徕大多数人的生意，就放低价格门槛；如要维护少数人的利益，就设置价格障碍。价格自然会把人群区分开来。顾客的形象也来自其自身的支出水平。

创新、创业管理能力的构成

1. 创新、创业的含义

熊彼得指出，"创新是把一种新的生产要素和生产条件的'新结合'引入生产关系"；而"创新能力"是指在创新活动中表现出的各种能力及其综合表现，是创造性智力与创新性品质的融合，是认知能力与实践能力的有机结合，主要包括判断、观察、沟通、动手和协作能力等。创业指的是创办新企业以谋求商业利益，创业能力的内容：包括对企业所面临的内外环境的特征、趋势和协同性的判断能力；商业机会的捕捉和判断能力；整合利用各种资源的能力；项目的组织、策划和运作能力；会计核算和财务管理能力；风险判断和控制能力；公司的组织、团队的建设和沟通协调能力等。

2. 从事创新、创业的人群应该具备的知识

在某一个领域有关产品和产业（行业）的信息，有关用户和市场的信息，有关宏观环境如政治法律、经济发展、社会文化和技术进步等方面的信息，有关微观环境如消费者、供应商、竞争者、潜在进入者和替代品等方面的信息，这些信息对项目的战略可行性判断及决策有重要影响。除了上述"静态"信息，创新、创业者还应掌握和理解解决创新、创业和企业经营过程中具体问题的方法或流程性的过程"动态"信息，以为形成解决这些问题的能力奠定基础。

特定的知识（信息）是创业成功的重要影响因素，这也解释了为什么成功的创业者往往是该领域的资深专家。

3. 从事创新、创业的人群应该具备的基本能力和技能

1）战略能力

即识别和发现商业机会（没有被满足或很好满足的需求），并对该商业机会的规模和前景进行预测与判断，并在综合考虑竞争环境及内部的资源、能力条件的基础上结合内外部环境特征对该项目的可行性进行判断的能力。简单来讲，就是发现某个"事业"的眼光和判断该"事业"能做还是不能做的判断力。战略判断能力是创新、创业者应该具备的基本能力，成功的创业者往往具备一般人所不具备的"眼光"和"见识"，即对商业机会的识别发现能力和对因果关系的分析判断能力。

2）创新能力

创新是"把一种新的生产要素和生产条件的'新结合'引入生产关系"，包括五种具体情况：引入一种新产品；引入一种新的生产方法；开辟一个新的市场；获得原材料或半成品的一种新的供应来源；实现一种新的工业组织形式。归纳起来实际包括三个方面：产品创新，本质是对潜在需求的发现和认识；技术创新，本质是质量提升、新的产品功能创造和生产效率的提高；管理创新，本质是挖掘和提高生产过程中的劳动、组织和人的效率。

3）学习能力

对于创新创业环境而言，学习能力更多地体现为一种组织化的学习能力。组织化的学习能力被认为是组织处理信息的能力，即生成、获得、迁移、整合知识，调整和发展组织行为以反映新的认知结果，改进组织绩效的能力。

　　根据李丹的研究，组织学习能力包含四个维度："共同愿景"指对于组织的宗旨和利益的共识，是组织开展学习活动的基础，强调组织成员对组织目标的认知接纳程度；"知识传递与整合"主要反映组织成员从他人或过去的经验获得信息的便利程度和发生频率，以及组织将知识用于企业实践活动的程度，体现了组织共享信息的过程和层次的水平，组织化学习强调知识在个体、团队和组织层次的共享与整合，从而促进新知识的生成，该维度还反映了团队学习与团队协作共享及利用知识的水平；"开放性与试验"侧重于反映组织和组织外部环境的信息交流水平，以及鼓励交流的工作氛围的自由程度；"领导作用"侧重于组织及领导对个体失败的宽容程度及参与实现组织目标的实现程度。

　　4）职业社会能力

　　职业社会能力就是在职场或职业活动中遵循社会运转规律，对人与人之间的关系的处理能力。为了更好地与他人交往，和谐相处，相互支持，团结合作，并促进工作任务的完成与绩效的提高，需要相应知识、技能与素质。

　　（1）职场交际能力是指个体在工作环境中，与他人交际，协调人际关系，互通情感的能力。①具体构成：处理单位同事关系（包括上下级和同级关系等），协调客户关系，协调与公众关系等能力。②能力标准：与陌生人达成的相识程度、与相识的人达成的友好程度、重要的人际关系达成的密切程度等。

　　（2）职场沟通能力是指在工作环境和相关职业活动中，为落实组织和个体目标，交流传递思想、信息，说服与交涉等能力。①具体构成：言语沟通、非言语沟通、说服与交涉策略运用等能力。②能力标准：信息传递的接收程度与确认程度、态度的说服改变程度、目标的达成程度等。

　　（3）职场合作能力是指在工作环境和职业活动中，与他人合作共事，团结和与他人合作工作的能力。①具体构成：个体与他人合作共事、团结其他人一道工作，组织与协调众人发挥协同效应等能力。②能力标准：工作关系的协调、个体的发展成长、群体与组织的和谐、组织的凝聚力与战斗力增强等。

　　（4）职场自我调控能力是指在工作环境和职业活动中，个体的工作体验过程控制与自我情绪控制能力。①具体构成：客观地对自我进行认知和理解、对工作心理体验的过程控制、个体情绪的自我调控等能力。②能力标准：工作的快乐、自我激励、人际关系的和谐、对他人的激励等。

　　5）企业管理能力

　　企业管理是一个多维概念，从不同的角度观察，企业管理呈现出不同的内涵。从企业职能的角度，企业管理可分为营销管理、运营管理和财务管理等；从管理目标的角度，企业管理可分为质量管理、成本管理、安全管理等；从管理对象的角度，企业管理可分为人力资源管理、设备管理、现金管理等；从要素协同的角度，企业管理可分为计划管理（资源和目标协同）、组织管理（职责和权力协同）和流程管理（人和事协同）等；从层次和关系的角度，企业管理可分为战略管理（做什么）和策略规划（怎么做）。有学者认为，管理就是决策，这是相对执行而言给管理下的定义；有学者认为，管理就是把复杂、困难的工作变得简单、容易，这是从劳动分工（组织）的角度给管理下的定义。还可以从其他的角度进一步去定义管理。

对于创新、创业人群而言，企业管理能力是一个必备的能力，但基于专业化分工的原则，一个人不必或不可能事事精通。

项目3

市 场 调 查

 内容概要

（1）市场细分的概念和规则；
（2）市场需求特征。

 学习目标

（1）根据市场细分的概念和规则进行市场细分；
（2）根据给定的市场数据分析和推理市场特征信息。

营销的本质是创造顾客价值。在供大于求的买方市场条件下，要想在竞争中胜出，获取订单，就是要在理解客户需求的基础上，在营销决策及执行层面表现得更好。要想在运营层面提升效率，就要求对销售量能够做出准确的预测，并进而对采购、生产、库存等环节做出合理的计划，这都依赖于市场调查工作的成果。

任务 3-1　市场需求特征洞察

酒店的客户分成会议客户、住宿散客和餐饮散客三大类，其中会议客户又分为公司年会类、发布会类、培训会类和工作会类四小类。不同类别的客户对于服务的需求类型不同。例如，会议客户需求如表 3-1 所示。

表 3-1　会议客户需求

	客户分类	会议需求	餐饮需求	客房需求
会议客户	公司年会类	100～200 m² 会议室 1 天	1 次西餐（中午），1 次中餐（晚上）	75%行政客房，20%精致套房，5%行政套房
	发布会类	100～200 m² 会议室 0.5 天	1 次午餐或晚餐	
	培训会类	400～800 m² 会议室 0.5 或 1 天	1 次中餐、1 次午餐	
	工作会类	100 m² 以下会议室 1 天		行政客房

住宿散客分为 A、B、C 三小类。不同类别的客户对于服务的需求类型不同，住宿散客需求如表 3-2 所示。

表 3-2　住宿散客需求

客户类型	客户分类	客房需求	餐饮需求	休闲吧
住宿散客	A	入住行政客房	50%晚餐（中餐）	20%1 次上午休闲吧
	B	入住精致套房	60%精致套房客户需要当天晚餐（中餐），转天午餐（西餐）	1 次休闲吧消费（下午）
	C	入住行政套房	80%行政套房客户需要当天的晚餐（中餐）、转天午餐（西餐）	1 次休闲吧消费（下午）

餐饮散客分为中餐和西餐两小类。不同类别的客户对于服务的需求类型不同，餐饮散客需求如表 3-3 所示。

表 3-3　餐饮散客需求

客户类型	客户分类	早餐	午餐	晚餐
餐饮散客	中餐		√	√
	西餐		√	√

任务3-2　市场细分及评估

市场细分就是依据买方的某些属性指标，给作为买方的顾客群体进行分类。分类之后不同类别用户群体的需求特征或消费行为特征会形成差异，这些有"差异"的客户类别就形成了细分市场。对于酒店类服务企业而言，可以根据这些"差异"和自身营销战略对这些细分市场"有所选择"和"区别对待"，这就形成了营销上的"目标市场选择"战略和"市场定位"战略。

不同的细分市场，因为客户的需求特征和消费行为特征不同，对酒店的资源或能力要求也不同。根据酒店的营销战略，选择进入某些"细分市场"，在营销策略上就是要进行相应的酒店资源和能力建设，以获取订单，形成酒店的销售额和利润。

另外，依据买方的某些属性指标，买方群体可以被分类，但这些类别可能在需求或消费行为上并无差异，但如果酒店可以根据这些划分出的类别，分割营销资源，进行精准的资源或能力建设及投放，这些被分类的客户群体也可以成为细分市场。

市场细分可能仅依据一个市场属性指标，也可能依据多个市场属性指标，但划分出的细分市场往往关联一个关键营销资源或能力。

 工作任务

（1）根据需求特征信息和订单明细表进行市场细分，用思维导图或表格表现出来（见表3-4～表3-6）。

（2）计算每一个细分市场的市场规模。

（3）假如本酒店营销表现最好，预算能拿到的订单和销售额。

（4）假如本酒店营销表现最差，预算能拿到的订单和销售额。

表3-4　第一期会议客户订单明细表

编号	客户类型	客户需求	参会人数	备注
HY11001	会议客户	公司年会/经销招商会	60	全天
HY11002	会议客户	公司年会/经销招商会	64	全天
HY11003	会议客户	公司年会/经销招商会	72	全天，价格敏感
HY11004	会议客户	公司年会/经销招商会	80	全天
HY11005	会议客户	公司年会/经销招商会	85	全天，品牌敏感
HY11006	会议客户	公司年会/经销招商会	90	全天

编号	客户类型	客户需求	参会人数	备注
HY12001	会议客户	发布会/庆典/答谢会	60	上午
HY12002	会议客户	发布会/庆典/答谢会	65	下午
HY12003	会议客户	发布会/庆典/答谢会	72	上午
HY12004	会议客户	发布会/庆典/答谢会	76	下午
HY12005	会议客户	发布会/庆典/答谢会	80	上午
HY12006	会议客户	发布会/庆典/答谢会	88	下午
HY12007	会议客户	发布会/庆典/答谢会	90	上午
HY12008	会议客户	发布会/庆典/答谢会	96	下午
HY12009	会议客户	发布会/庆典/答谢会	100	上午
HY12010	会议客户	发布会/庆典/答谢会	108	下午
HY12011	会议客户	发布会/庆典/答谢会	110	上午
HY12012	会议客户	发布会/庆典/答谢会	116	下午
HY13001	会议客户	培训会/讲座	120	上午
HY13002	会议客户	培训会/讲座	128	下午
HY13003	会议客户	培训会/讲座	136	上午
HY13004	会议客户	培训会/讲座	140	下午
HY13005	会议客户	培训会/讲座	144	上午
HY13006	会议客户	培训会/讲座	150	下午
HY13007	会议客户	培训会/讲座	320	全天
HY13008	会议客户	培训会/讲座	340	全天
HY13009	会议客户	培训会/讲座	360	全天
HY13010	会议客户	培训会/讲座	380	全天
HY13011	会议客户	培训会/讲座	400	全天
HY13012	会议客户	培训会/讲座	420	全天
HY14001	会议客户	工作会/总结会、研讨/论坛/沙龙	15	全天
HY14002	会议客户	工作会/总结会、研讨/论坛/沙龙	18	全天
HY14003	会议客户	工作会/总结会、研讨/论坛/沙龙	20	全天，价格敏感
HY14004	会议客户	工作会/总结会、研讨/论坛/沙龙	24	全天

续表

编号	客户类型	客户需求	参会人数	备注
HY14005	会议客户	工作会/总结会、研讨/论坛/沙龙	28	全天
HY14006	会议客户	工作会/总结会、研讨/论坛/沙龙	30	全天，价格敏感
HY14007	会议客户	工作会/总结会、研讨/论坛/沙龙	32	全天
HY14008	会议客户	工作会/总结会、研讨/论坛/沙龙	36	全天
HY14009	会议客户	工作会/总结会、研讨/论坛/沙龙	38	全天
HY14010	会议客户	工作会/总结会、研讨/论坛/沙龙	40	全天，品牌敏感
HY14011	会议客户	工作会/总结会、研讨/论坛/沙龙	42	全天，价格敏感
HY14012	会议客户	工作会/总结会、研讨/论坛/沙龙	44	全天

表3-5 第一期住宿散客订单明细表

编号	客户类型	客户需求	入住人数	备注
ZS11001	住宿散客	行政客房	50	
ZS11002	住宿散客	行政客房	55	
ZS11003	住宿散客	行政客房	58	
ZS11004	住宿散客	行政客房	60	
ZS11005	住宿散客	行政客房	62	价格敏感
ZS11006	住宿散客	行政客房	64	
ZS11007	住宿散客	行政客房	70	
ZS11008	住宿散客	行政客房	75	
ZS11009	住宿散客	行政客房	78	
ZS11010	住宿散客	行政客房	82	
ZS11011	住宿散客	行政客房	86	
ZS11012	住宿散客	行政客房	90	
ZS12001	住宿散客	精致套房	25	
ZS12002	住宿散客	精致套房	30	
ZS12003	住宿散客	精致套房	33	
ZS12004	住宿散客	精致套房	35	价格敏感
ZS12005	住宿散客	精致套房	39	
ZS12006	住宿散客	精致套房	44	品牌敏感

续表

编号	客户类型	客户需求	入住人数	备注
ZS13001	住宿散客	行政套房	16	
ZS13002	住宿散客	行政套房	19	
ZS13003	住宿散客	行政套房	21	
ZS13004	住宿散客	行政套房	24	
ZS13005	住宿散客	行政套房	27	
ZS13006	住宿散客	行政套房	30	

表3-6 第一期餐饮散客订单明细表

编号	客户类型	客户需求	就餐人数	备注
CY11001	餐饮散客	中餐	80	午餐, 价格敏感
CY11002	餐饮散客	中餐	88	午餐, 品牌敏感
CY11003	餐饮散客	中餐	94	午餐
CY11004	餐饮散客	中餐	100	午餐
CY11005	餐饮散客	中餐	106	午餐
CY11006	餐饮散客	中餐	115	午餐
CY11007	餐饮散客	中餐	124	午餐
CY11008	餐饮散客	中餐	128	午餐
CY11009	餐饮散客	中餐	136	午餐
CY11010	餐饮散客	中餐	140	午餐
CY11011	餐饮散客	中餐	144	午餐
CY11012	餐饮散客	中餐	150	午餐
CY12001	餐饮散客	西餐	60	午餐, 品牌敏感
CY12002	餐饮散客	西餐	66	午餐
CY12003	餐饮散客	西餐	70	午餐
CY12004	餐饮散客	西餐	72	午餐
CY12005	餐饮散客	西餐	76	午餐
CY12006	餐饮散客	西餐	80	午餐
CY12007	餐饮散客	西餐	85	午餐
CY12008	餐饮散客	西餐	88	午餐

续表

编号	客户类型	客户需求	就餐人数	备注
CY12009	餐饮散客	西餐	90	午餐
CY12010	餐饮散客	西餐	95	午餐
CY12011	餐饮散客	西餐	98	午餐
CY12012	餐饮散客	西餐	103	午餐
CY13001	餐饮散客	中餐	124	晚餐
CY13002	餐饮散客	中餐	128	晚餐
CY13003	餐饮散客	中餐	136	晚餐
CY13004	餐饮散客	中餐	140	晚餐
CY13005	餐饮散客	中餐	144	晚餐
CY13006	餐饮散客	中餐	150	晚餐
CY13007	餐饮散客	中餐	158	晚餐
CY13008	餐饮散客	中餐	164	晚餐
CY13009	餐饮散客	中餐	168	晚餐
CY13010	餐饮散客	中餐	175	晚餐
CY13011	餐饮散客	中餐	182	晚餐
CY13012	餐饮散客	中餐	190	晚餐
CY14001	餐饮散客	西餐	30	晚餐，价格敏感
CY14002	餐饮散客	西餐	35	晚餐
CY14003	餐饮散客	西餐	38	晚餐
CY14004	餐饮散客	西餐	40	晚餐
CY14005	餐饮散客	西餐	46	晚餐
CY14006	餐饮散客	西餐	52	晚餐
CY14007	餐饮散客	西餐	60	晚餐
CY14008	餐饮散客	西餐	66	晚餐
CY14009	餐饮散客	西餐	70	晚餐
CY14010	餐饮散客	西餐	72	晚餐
CY14011	餐饮散客	西餐	76	晚餐
CY14012	餐饮散客	西餐	80	晚餐

如何进行市场调研

一、市场调研的流程

市场调研指的是个人或酒店为某一个特定的市场营销问题的决策所需开发和提供信息而引发的判断、收集、记录、整理、分析研究市场的各种基本状况及其影响因素，并得出结论的系统的、有目的的活动与过程。市场调研主要是为营销决策服务的。

一般进行市场调研要做如下工作。

1. 对调研问题进行定义

首先调查的问题要定义清楚，要说清楚到底要调查什么，即清楚调查的对象和内容（特征）是什么。例如，消费者的消费动机、目标市场的规模、竞争对手的优劣势等。

调查的问题一般分为描述性的或因果关系性质的。例如，消费者的消费动机这类问题是描述性的，而收入、性别和年龄等因素与消费偏好之间关系的问题则是因果关系性质。

不同性质的问题要使用不同的调查方法和工具。

2. 说明调研问题的意义和价值

调研是为某个主体的决策需要而服务的，所以要说清楚该调研工作对"谁"解决"什么问题"有何帮助。例如，"某地区工商管理类人才需求调研"，对于该地区高校的教育方针决策和学生的个人发展规划决策有帮助。

3. 确定调研所使用的方法

首先，调研是对调查对象进行测量而获得数据，主要方法包括二手资料法、观察法、访谈法、实验法、问卷调查等。不同的调查对象和调查内容（特征）适用不同的调查方法，如幼儿对于玩具的偏好似乎使用观察法较为合适。要注意不同调查方法的操作规则和要点。其次，调研指的是对所得到的数据进行统计和分析，从而得出结论的过程。统计和分析的方法与调研目的及数据属性有关。例如，进行因果关系问题的调研，可以对数据进行相关性统计和分析。

4. 设计测量工具

配合不同调查对象、内容和方法要使用有针对性的调查工具。不同的调查内容涉及的量纲不同，具体包括类别、顺序、等距和等比量纲。不同的调查内容使用的量表也不同，如对于营销语义范畴下的"态度"，往往会使用李克特量表；而若对某些对象的某个特征进行排序，如对于某几个品牌手机外观的比较评价，往往会使用配对比较量表。其他常见的量表包括评比量表，语义差别量表等。要求较高的话，需要对测量工具进行信度和效度测试；也可以使用网络调查工具（如问卷星）通过移动终端来开展问卷调查。

5. 确定调查样本

根据调查样本的产生方法不同，调查可以分为四类，分别是市场普查、典型调查、重点调查和抽样调查。

常见的抽样调查的方法包括简单随机抽样、分层随机抽样、等距抽样、整群抽样、非随机抽样等。

调查样本的数量取决于总体单位之间标志的变异程度和对抽样误差的容忍程度。一般来讲，有效样本数要大于30个。

6. 实地测量和对数据进行处理、分析

测量到的数据要进行审核和处理，之后才能进行统计和分析，得出调研结果。数据审核要遵循真实性、标准性、准确性和完整性的原则。数据整理主要指的是对数据进行分类，要选择和确定分类标志。

（1）品质标志，参照性质或属性特征，主要使用类别或顺序量纲测得。

（2）数量标志，主要使用等距量纲或等比量纲测得。选择分类标志的原则是：根据研究目的，分类标志应该能够穷尽样本和使样本互斥。

反映调研对象某个特征的样本数据值，往往是一个变量的分布，需要统计反映集中水平的常见几种量（众数、中位数或算数平均数）；反映离散水平的常见差异量（全距、四分位距或标准差）。

7. 定性研究、定量分析和预测

调研的结果可以是定性的或定量的，并可以根据规律和趋势对未来可能的情形进行预测。

可以根据消费者或行业专家的意见进行定性预测，如利用德尔菲法；也可以构建模型，

进行定量预测，常见的预测方法包括马尔科夫分析预测法、直线趋势预测法、指数平滑法、季节销售预测法、回归分析预测法等。

8. 调研结果的展示

可以使用图表对调研结果进行展示。常见的图表包括柱状图（复合柱状图）、饼图、环状图、箱线图、雷达图、散点图等。

不同的特征适合使用不同的图表。例如，柱状图适合用来对分类对象做对比，饼图适合表现要素占总体的份额和结构，环状图是若干个饼图的比较，箱线图是变量间的比较，雷达图适合多对象、多维度比较，散点图用来表现变量间的相关性和趋势等。

图表的制作可以使用 Excel 工具，也可以由问卷星工具自动生成。

9. 营销决策建议

根据调研结果对营销决策提供建议。

二、市场调查的内容

根据营销决策要解决问题的不同，调研的内容会有所不同，一般包括如下内容。

1. 项目的背景和基本情况

项目所涉及的客户、供应方及竞争者是谁，以及当前的供需关系或竞争关系的基本特征、未来的发展趋势等内容。

2. 需求分析

项目所涉及的产品或服务的市场需求分析（基础分析）。例如，是否有需求，需求的规模、特征、发展前景等。作为该项目是否有可行性的基础分析依据。

3. 环境影响因素及影响机制分析

识别出影响酒店经营发展的诸因素，并就机制（怎样影响的）做具体分析。分析框架可以参照宏观影响因素（PEST）和微观影响因素（波特五力模型）展开。

对于具体影响因素，如有明显影响，则探讨该因素是如何影响酒店目标的实现（影响机制），并进而影响酒店决策的。对于该项目没有明显影响的因素，则可忽略，不必僵化。

4. 消费者行为分析（一个重要的环境影响因素及机制分析）

消费者行为分析是酒店微观环境分析的重点内容，即为探讨消费者购买决策的内容和行为特征。即对于该品类的商品或服务，消费者要作出哪些决策，在决策和购买前后行为过程中体现出的行为特征和购买决策特征是什么，为营销决策提供依据。消费者行为分析既包括可见的外在行为内容，也包括购买决策过程及情感、情绪等心理现象范畴的内容。

5. 竞争环境分析和竞争战略制定

一般项目都会进入市场，都会面临竞争压力，都要应对竞争对手的挑战，所以需要进行竞争环境分析。

（1）要识别出项目的主要竞争对手是谁（或潜在竞争对手）。

和竞争对手相比，项目的竞争优势、劣势各体现在什么地方（相对而言，满足顾客需求的水平差异）。

该竞争优势的来源是什么（酒店的资源或能力，可以从酒店的价值链角度进行分析），进而分析该资源或能力是否能够使酒店的竞争优势长期保持（即酒店是否具有核心竞争力）。

发展出能够实现和保持竞争优势的方法即为竞争战略。

（2）结合酒店的优劣势分析和环境机会、威胁分析发展出酒店的竞争战略。该分析可以使用 SWOT 分析工具。

（3）酒店可以考虑自己和竞争者的关系定位（市场定位），即领先、挑战、追随，还是补缺。

6. 酒店行业的具体调查内容

（1）了解城市和酒店所处区域、人口、产业、商业结构等基本经济指标，了解你的客源。

（2）了解本地酒店行业各个星级类别的平均入住率、平均房价、标杆品牌、成本结构等，了解行业水准。

（3）建立竞争酒店品牌矩阵，了解其设施设备、设计风格、服务水准、经营状况等，了解直接竞争对手。

（4）调查城市及区域的城市规划、调查未来 2～3 年可能进入同一市场的酒店，了解未来可能的变化。

需要得出结论：是否还有行业红利，是否值得进入"红海"，是否有信心在未来 5～10 年内领先市场，明确市场定位及目标客户。

三、SWOT 分析

所谓 SWOT 分析，即基于内外部竞争环境和竞争条件下的态势分析，就是将与研究对象密切相关的各种主要内部优势和劣势、外部的机会和威胁等，通过调查列举出来，并依照矩阵形式排列，然后用系统分析的思想，把各种因素相互匹配起来加以分析，从中得出一系列相应的结论，而结论通常带有一定的决策性质。

运用这种方法，可以对研究对象所处的情景进行全面、系统、准确的研究，从而根据研究结果制定相应的发展战略、计划及对策等。

S（strengths）、W（weaknesses）是内部因素，O（opportunities）、T（threats）是外部因素。按照酒店竞争战略的完整概念，战略应是一个酒店"能够做的"（即酒店的强项和弱项）和"可能做的"（即环境的机会和威胁）之间的有机组合。

S，是酒店机构的内部因素，具体包括：有利的竞争态势，充足的财政来源，良好的酒店形象，技术力量，规模经济，产品质量，市场份额，成本优势，广告攻势等。

W，也是酒店机构的内部因素，具体包括：设备老化，管理混乱，缺少关键技术，研究开发落后，资金短缺，经营不善，产品积压，竞争力差等。

O，是酒店机构的外部因素，具体包括：新产品，新市场，新需求，外国市场壁垒解除，竞争对手失误等。

T，也是酒店机构的外部因素，具体包括：新的竞争对手，替代产品增多，市场紧缩，行业政策变化，经济衰退，客户偏好改变，突发事件等。

SWOT方法的优点在于考虑问题全面，是一种系统思维，而且可以把对问题的"诊断"和"开处方"紧密结合在一起，条理清楚，便于检验。

通过SWOT分析，可以形成四类问题解决的策略，见图3-1。

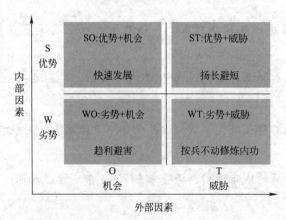

图3-1　SWOT分析形成的四种策略

项目4

酒店营销管理

内容概要

（1）竞单规则及无法履约的处理规则；

（2）营销能力的形成规则。

学习目标

（1）应用竞单规则获取订单；

（2）应用营销能力的形成规则构建酒店的营销能力；

（3）应用无法履约的处理规则处理违约。

营销的本质是创造顾客。对于客户而言，当供过于求，处于买方市场状态时，卖方之间会形成竞争，去争夺订单。而买方在选择供应商时，会根据需求确定选单指标，通过比较卖方在选单指标上的表现，选择表现优异者。所以，营销任务的核心是根据买方需求和选单指标，结合自身战略，构建自身的优势营销能力，从而争取订单。

任务 4-1 竞单及无法履约的处理

前已述及，酒店的客户分成会议客户、住宿散客和餐饮散客三类，其中会议客户又分为公司年会类、发布会类、培训会类和工作会类四类。不同类别的客户对于服务的需求类型不同，在面对 6 家酒店竞单时，筛选酒店所使用的竞单指标也不同。

1. 酒店竞单指标

酒店竞单指标详见表 4-1。

表 4-1 竞单指标

客户类型	客户分类	需求类型	选单指标（销售指数和）
会议客户	公司年会类	会议+用餐+住宿	会议客户销售指数+餐饮客户销售指数+住宿客户销售指数
	发布会类	会议+用餐	会议客户销售指数+餐饮客户销售指数
	培训会类	会议+用餐	会议客户销售指数+餐饮客户销售指数
	工作会类	会议+住宿	会议客户销售指数+住宿客户销售指数
住宿散客		住宿+餐饮+休闲吧	住宿客户销售指数
餐饮散客		餐饮	餐饮客户销售指数

2. 酒店竞单规则

（1）每期针对某类客户，先对 6 家酒店按相应的选单指标（销售指数和）依大小排序，然后 6 家酒店按顺序依次选单（无品牌或价格偏好的普通订单），每轮次每家酒店可选 1 张订单，选完后如果有余单，再循例进行下一轮选单。

（2）针对某类客户中有品牌或价格偏好的订单，品牌指标表现（品牌指数）或定价指标表现优先（相同则按销售指数和）。

（3）针对某类客户品牌偏好订单，每轮次的选单者在未选单酒店里品牌指数最大才有选单资格（此时既可选品牌偏好订单，也可选普通订单）。

（4）针对某类客户价格敏感订单，每轮次的选单者在未选单酒店里价格最低才有选单资

格（此时既可选价格敏感订单，也可选普通订单）。

（5）会议客户价格敏感订单，比较行政客房定价，无则比较餐饮定价；住宿散客价格敏感订单，比较订单涉及的房型定价；餐饮散客价格敏感订单，比较涉及的餐饮类型定价。

3. 无法履约的处理

（1）经济补偿：酒店接单后如果无法为相应客人提供服务，那么由酒店按相应服务报价的50%为客人提供补偿。例如，某酒店接待了100人团入住行政客房，结果有20人住宿安排不了，那么该酒店就要补偿该团费用（行政客房报价×50%×10）。

（2）罚分：出现一次无法提供服务的情形在下一期的对应销售指数上扣掉5分，最高扣20分；如本期餐饮不能提供服务一次，那么下一期的餐饮客户销售指数得分基础上扣掉5分，其他情形以此类推。

 工作任务

（1）概括客户需求和竞单指标之间的关系。

（2）针对某类客户竞单，依据6家酒店竞单指标大小顺序。轮到某酒店选单时，对于有品牌偏好或价格偏好的订单，该酒店在当前轮次6家酒店里品牌指数或价格表现并非最优，此偏好订单是否可选？如果该酒店在当前轮次6家酒店里品牌指数或价格表现最优，此偏好订单是否可不选（先选其他普通订单）？

（3）如果某期某类客户有6张订单，其中有一张是品牌偏好订单，A组品牌指数最高，B组次之，但A组选单时选的是普通订单，则随后选单的B组能否选择这张偏好订单？

（4）如果某期某类客户有12张订单，其中有一张是品牌偏好订单，A组品牌指数最高，B组次之，但A组选单时选的是普通订单，则随后选单的B组能否选择这张偏好订单？

任务4-2 酒店营销能力的构建

酒店竞单的指标分为酒店销售指数和酒店品牌指数两大类。其中，酒店销售指数分为会议客户销售指数、餐饮客户销售指数和客房客户销售指数三类，每一类均由人员销售指数和广告销售指数构成。酒店品牌指数分为酒店客房品牌指数、酒店会议品牌指数和酒店餐饮品牌指数三类，由会议室、客房和上期销售额三个要素构成。

1. 酒店销售指数

会议客户销售指数＝会议客户人员销售指数＋会议客户广告销售指数

客房客户销售指数=客房客户人员销售指数+客房客户广告销售指数

餐饮客户销售指数=餐饮客户人员销售指数+餐饮客户广告销售指数

2. 人员销售指数

某渠道会议客户人员销售指数=销售影响因子×销售人员数量

会议客户人员销售指数=电话销售会议客户人员销售指数+网站直销会议客户人员销售指数+

第三方网站会议客户人员销售指数+

政府/行业酒店直销会议客户人员销售指数+

交易及展览中心会议客户人员销售指数

客房客户人员销售指数=电话销售客房客户人员销售指数+网站直销客房客户人员销售指数+

第三方网站客房客户人员销售指数+

线下旅行社客房客户人员销售指数

餐饮客户人员销售指数=第三方网站餐饮客户人员销售指数+线下旅行社餐饮客户人员销售指数+

政府/行业酒店直销餐饮客户人员销售指数

某客户人员销售指数=∑（某渠道销售人员数×某客户销售影响因子）

酒店初始拥有 15 名销售人员，后面每个周期按各自利润率比例（即净利润/销售收入），在前期人员规模基础上增减销售人员（四舍五入），盈利增加人员，亏损减少人员。如本期利润率为 20%，那么下期可以聘用的销售人员将可以达到 18 人，即 15+15×20% =18（人）。

表 4-2 为人员销售指数的形成规则。

表 4-2　人员销售指数的形成规则

销售因素	负责业务	客户	销售影响因子	销售人员数量	销售指数
1 名销售人员	电话销售	会议客户	8		
		客房客户	5		
1 名销售人员	网站直销	会议客户	5		
		客房客户	7		
1 名销售人员	第三方网站（携程、艺龙等）	会议客户	3		
		客房客户	7		
		餐饮客户	5		
1 名销售人员	线下旅行社	客房客户	7		
		餐饮客户	5		

销售因素	负责业务	客户	销售影响因子	销售人员数量	销售指数
1名销售人员	政府/行业 酒店直销	会议客户	7		
		餐饮客户	5		
1名销售人员	交易及展览中心	会议客户	9		

3. 广告销售指数

某渠道客户广告销售指数=销售影响因子×广告值/5 000

广告费最小投放单位为1 000元。

会议客户广告销售指数=搜索平台会议客户广告销售指数+OTA第三方会议客户广告销售指数+

专业报刊/商业信函会议客户广告销售指数

客房客户广告销售指数=搜索平台客房客户广告销售指数+OTA第三方客房客户广告销售指数+

微信商城客房客户广告销售指数

餐饮客户广告销售指数=OTA第三方餐饮客户广告销售指数+微信商城客户广告销售指数+

餐饮平台餐饮客户广告销售指数

表4-3为广告销售指数的形成规则。

表4-3　广告销售指数的形成规则

销售因素	投放渠道	客户	开发周期	开发费用	销售影响因子	广告值/元	销售指数
每五千元 广告费	搜索平台 （百度、360等）	会议客户	0	0	1		
		客房客户			3		
每五千元 广告费	OTA第三方 （携程、艺龙等）	会议客户	0	0	1		
		客房客户			2		
		餐饮客户			2		
每五千元 广告费	微信商城	客房客户	2	5 000×2	2		
		餐饮客户			3		
每五千元 广告费	餐饮平台（美团、 大众点评等）	餐饮客户	1	5 000	4		
每五千元 广告费	专业报刊/ 商业信函	会议客户	1	3 000	3		

4. 酒店品牌指数

酒店客房品牌指数＝行政客房数量×2+精致套房数量×3+行政套房数量×5+

上一期客房销售额/10 000

酒店会议品牌指数＝40 m² 会议室数量×1+80 m² 会议室数量×2+120 m² 会议室×3+

160 m² 会议室数量×4+200/240/280 m² 会议室数量×5+

上一期会议销售额/10 000

酒店餐饮品牌指数＝上一期餐饮销售额/10 000

5. 客房定价规则和餐饮定价规则

表4-4 为客房定价规则。

表4-4　客房定价规则

客房类型	门市价/[元/(间·天)]	每间客房投资/元	备注
行政客房	1 288	60 000	
精致套房	1 488	80 000	会议客户入住享受门市价7.5折优惠
行政套房	1 688	100 000	

客房报价可以在门市价基础上打折销售，按 9.5 折、9 折、8.5 折、8 折等对外报价，但每项报价不能低于会议客户享受的报价。

表4-5 为餐饮定价规则。

表4-5　餐饮定价规则

序号	类型	设备	数量/张	报价/[元/(人·餐)]	备注
1	中餐厅（大）	10 人桌	20	168	
		大型包间（15～20 人桌）	10	168	
2	中西多功能餐厅	8 人桌	10	中餐 168，西餐 198	会议客户享受门市价 8 折优惠
		4 人桌	10	中餐 168，西餐 198	
3	西餐厅	4 人桌	60	198	
4	休闲吧	2 人桌	10	98	
		4 人桌	10	98	

餐厅布置不能改变，休闲吧只为内部客户提供服务，休闲吧午餐、晚餐时段可以作为临时中餐厅功能使用一次，但价格需为客人提供 9 折优惠。

酒店报价可以在门市价基础上打折销售，按9.5折、9折、8.5折、8折等对外报价，但每项报价不能低于会议客户享受的报价。

餐厅接待第一批客人按餐厅报价结算，安排第二批客人时按报价的9折结算，第三批客人按报价的8折结算。以此类推，要给客户更低折扣（门市价6折）以满足客户等待的损失。休闲吧常规接待数量以桌椅数量的3倍为单位，超出后给顾客8折优惠。

会议客户就餐时享受折上折优惠，即享受8折优惠基础上如果被安排在第二批、第三批就餐，继续享受9折、8折优惠。

 工作任务

（1）如果15名销售人员在电话销售、网站直销、第三方网站、线下旅行社、政府/行业酒店直销、交易及展览中心等六条渠道，分别按3、3、3、2、2、2的比例进行人员分配，计算人员销售指数。

（2）如果在搜索平台（百度、360等）、OTA第三方（携程、艺龙等）、微信商城、餐饮平台（美团、大众点评等）、专业报刊/商业信函等五条渠道，分别投放10 000元广告，计算广告销售指数。

（3）根据以上人员销售指数和广告销售指数的计算结果计算酒店销售指数。

（4）根据酒店竞单指标规则及上述酒店销售指数结果计算各类客户的竞单指标指数。

 扩展阅读

营销决策的内容和分类

一、市场细分、目标市场的选择和市场定位（STP战略）

根据用户需求和行为的差异，可以给用户归类，不同的类别即为不同的细分市场。一般归类变量包括人口统计特征、地理变量、心理变量和利益变量（含价值差异）等，归类的不同细分市场应体现为需求或行为上的差异。

对细分市场应该进行评估，评估的维度主要包括该细分市场的价值（可参考产品的市场生命周期理论）和酒店的竞争力，然后考虑是否进入，即为目标市场的选择。

确定提供给用户的利益（来自产品的功能效用）和价值（赋予品牌的符号化的用于心理需求的满足），目的是占据有限的用户心智资源。品牌定位是战略性的，决定了营销组合的具体设计内容。定位点的选择标准包括：产品本身具有的功效；符合用户认知特点的利益

或价值，用户确实需要的，最好是有差异性的。

二、竞争环境分析和竞争战略制定

一般项目都会进入竞争性市场，都会面临竞争压力，都要应对竞争对手的挑战，所以需要进行竞争环境分析。

（1）要识别出项目的主要竞争对手（或潜在竞争对手）。

（2）和竞争对手相比，本项目的竞争优势、劣势表现在什么地方，相对而言，即满足顾客需求的水平差异。

分析该竞争优势的来源是什么（酒店的资源和能力，可以从酒店的价值链角度进行分析），进而分析该资源或能力是否能够使酒店的竞争优势长期保持（即酒店是否具有核心竞争力）。

发展出能够实现和保持竞争优势的方法即为竞争战略。

结合酒店的优劣势分析和环境机会、威胁分析发展出酒店的竞争战略。该分析可以使用SWOT分析工具。

另外，酒店可以考虑自己和竞争者的关系定位（市场定位），即领先、挑战、追随，还是补缺。

三、营销组合策略

1. 产品、服务和商业模式

主要的决策内容有：产品设计和作为核心产品或附属产品的服务设计，如功能、外观、质量水平等，营销角度的产品设计不是工程设计，如原材料的选择、加工工艺及功能的原理、实现等，那是工程师的工作；产品组合的设计，包括产品线、广度、深度、关联度等；产品包装的设计，如设计图或产品小样等；品牌名称、logo 等的设计，其为符号性的用户价值载体，设计时要考虑品牌的识别性和品牌个性。

对于商业模式的决策，要说清楚项目的商业模式，即需求、产品和盈利模式。

2. 价格策略

包括如何定价及理由。例如，要说清楚该价格决策体现出营销战略目标，并且考虑成本、顾客认知价值、竞争因素及其他影响因素等。

价格调整要考虑供需关系的变化、价格弹性、促销等因素。

3. 渠道策略

① 渠道结构设计：长度、宽度、层次等。

② 渠道角色的职责安排：厂商、中间商、终端。

③ 终端的类型选择标准。

④ 商圈分析和终端选址。

⑤ 如何管理渠道：利益分配、服务和考核等。

4. 推广策略

推广是酒店与顾客建立联系和通过传播活动建立品牌形象的过程。

推广目标：品牌定位的实现，具体包括知名度、认知度、美誉度的定性或定量目标。

媒体策略：媒体的选择和配合。

广告策略和设计：目标人群、诉求点、创意（对谁说、说什么、怎么说）。

5. 销售策略

销售促进：强化和激发购买动机的方法设计。

人员促销：顾客购买过程中的主要问题和劝说策略。

6. 客户服务设计

客户服务的设计（作为附属产品）和运营：售前、售中、售后服务设计。

7. 公共关系设计

公共关系是建立以信任为核心的良好用户关系的方法。

良好客户关系的内容包括以下各方面内容。

（1）互相控制，即酒店管理层和公众都认为他们对影响彼此的酒店决策有一定的控制权。

（2）关系承诺，即酒店管理层和公众都意识到双方的互相依存性，并愿意给对方与其他方建立关系的一定的自主权。

（3）双方满意，即双方都认为这种关系对彼此有益。

（4）彼此信任，即各自都愿意授予对方以一定的控制权，因为相信对方的行为会负责任。

（5）达到目标，即以这种关系的存在或通过这种关系，双方都达到了各自的目的，或确保了自己的利益。

项目5

酒店运营管理

 内容概要

(1) 会议室的规划及运营规则；

(2) 客房的规划及运营规则；

(3) 餐厅服务计划和运营规则。

 学习目标

(1) 应用会议室的规划规则进行会议室规划和运营；

(2) 应用客房的规划规则进行客房规划和运营；

(3) 应用餐厅服务计划和运营规则进行资源计划和开展运营活动。

营销的本质是创造顾客。运营的本质是通过产品生产或服务创造，来满足客户需求。对于酒店的顾客而言，典型的需求是会议、住宿和餐饮服务。在酒店的运营管理环节，要通过对会议室、客房和餐厅的规划、计划和运营，来满足客户需求，提升资源的利用效率和运营效率，为酒店创造利润。

任务5-1　会议室规划和运营

酒店的会议室用来满足客户的会议需求，不同面积的会议室可以承载的参会人数不同。单位面积门市价和总价不同，单位面积的建设投入和总投入也不同。此外，会议室规划形成的不同面积的会议室数量结构不同，也会影响相应的酒店会议品牌指数，进而影响品牌偏好订单的获取。

会议室规划任务的内容是把现有的 800 m² 会议室和 600 m² 会议室分割成若干小会议室，在满足用户需求的前提下，提升资源的利用效率，并且在此基础上，获得可以影响品牌偏好会议订单获取的酒店会议品牌指数能力。

会议室规划的规则如下。

1. 会议室规划的面积和数量

一间面积为 800 m² 的无柱式大宴会厅，可随时分隔调整为 2 间独立的会议室，调整后会议室最小面积一间不得小于 200 m²；也可以不分隔，保持 800 m² 一间会议室的状态。

一间 600 m² 会议室，可以由经营团队根据经营需要，规划会议室的面积及数量。所规划会议室的最小面积可以是 40 m²，然后按 40 的倍数递增（如 80 m²、120 m²、160 m² 等），规划完之后，面积最大的会议室不得超过 300 m²。

经营开始前，各酒店经营管理团队需要规划好酒店会议室的具体安排。如 80 m² 会议室几间，120 m² 会议室几间等。

2. 会议室改造

酒店经营过程中会议室可以重新调整，可以合并，可以拆分。会议室调整时按 300 元/m² 进行投资，并按 200 元/m² 进行设备折旧。

3. 会议室报价

会议室按半天使用时，其每平方米价格为全天报价的一半加 10 元。

4. 会议室使用

客户会选择能够满足人数需求的总成本最低面积的会议室。如因酒店规划原因或会议室占用原因提供了超出客户实际需求的大面积会议室，酒店只能按照能够承载客户人数的总价最低面积的会议室收取费用。

如某客户会议有 120 人参会，200 m² 及以上面积的会议室均可满足需求。其中，200 m² 的会议室总价最低（200 m² 会议室门市价总价为 20 000 元，240 m² 会议室门市价总价为 21 600 元，280 m² 会议室门市价总价为 25 200 元，800 m² 会议室门市价总价为 64 000 元）。但由于该 200 m² 会议室已被占用或并未规划，所以只能为客户安排 240 m² 或以上面积的会议室，那么对该客户只能按照该酒店 200 m² 面积会议室的收费标准收费。

表 5-1 为酒店会议室规划表。

表 5-1　酒店会议室规划表

序号	会议室面积/m²	每平方米需投资/元	可以接纳人数	门市价/[元/（天·m²）]	数量/间	总投资额/元	门市价总价/（元/天）
1	40	2 400	≤20	120			
2	80	2 400	≤40	120			
3	120	2 200	≤70	100			
4	160	2 200	≤90	100			
5	200	2 000	≤130	100			
6	240	2 000	≤160	90			
7	280	2 000	≤180	90			
8	800	2 000	按 1.5 m² 安排容纳人数	80			
	合计						

 工作任务

（1）计算不同面积的会议室投资额并排序。

（2）计算不同面积的会议室门市价总价并排序。

（3）不同面积的会议室投资额的影响因素是什么？如何影响的？

（4）不同面积的会议室门市价总价的影响因素是什么？如何影响的？

（5）一间 800 m² 会议室如果规划成 2 间，如何规划？

（6）一间 600 m² 会议室最多可以规划成多少间？如何规划？

（7）一间 600 m² 会议室最少可以规划成多少间？如何规划？

（8）某客户参会人员 68 人，如果酒店各种面积的会议室均具备，从酒店提高运营效率的角度，应该为其安排哪种规格的会议室？如果没有面积规格最匹配的会议室，从而不得不高配的话，门市价总价如何确定？

（9）会议室规划应考虑哪些因素？如何规划？

任务 5-2　客房规划和运营

酒店的客房用来满足客户的住宿需求。不同类型的客户对客房房型的需求不同，不同客房房型的投资额和门市价也不同。另外，客房规划形成的不同房型客房的数量结构不同，也会影响相应的酒店客房品牌指数，进而影响订单的获取。

客房规划任务的内容是把现有的 300 间客房规划成行政客房、精致套房和行政套房三类，以此来满足用户需求，提升酒店的盈利水平，并且在此基础上，影响酒店客房品牌指数。

表 5-2 为酒店客房规划表。

表 5-2　酒店客房规划表

序号	客房类型	门市价/ [元/(间·天)]	每间客房投资/元	客房数量/间	累计投资/元	备注
1	行政客房	1 288	60 000			会议客户入住享受门市价7.5折优惠
2	精致套房	1 488	80 000			
3	行政套房	1 688	100 000			
	合计			300		

酒店客房规划的规则如下。

（1）经营过程中客房空闲时可以由低向高升级或由高向低降级。

① 由行政客房向精致套房升级，需支付 3 万元升级费，并提取 1 万元折旧；

② 由精致套房向行政套房升级，需支付 3 万元升级费，并提取 1 万元折旧；

③ 由行政客房直接升级为行政套房，需支付 6 万元升级费，并提取 2 万元折旧；

④ 由行政套房向精致套房降级，提取 1 万元折旧和 1 万元现金；

⑤ 由精致套房向行政客房降级，提取 1 万元折旧和 1 万元现金；

⑥ 由行政套房直接降级为行政客房，提取 2 万元折旧和 2 万元现金。

（2）酒店产品报价可以在门市价基础上打折销售，按 9.5 折、9 折、8.5 折、8 折等对外报价，但每项报价不能低于会议客户享受的报价。

（3）房间都是双床标准间，最多入住两人，不同批次客户间不允许拼房。客人入住，酒店可以为客户免费升房，即如果客人要求的房型已无，酒店可以在原价格基础上入住更高一级的客房。例如某客人要求入住行政客房，而酒店的行政客房已满，酒店可以为其安排入住精致套房或行政套房，但是只能按行政客房收费。

酒店不可以为客户降房，即某客户要入住行政套房，酒店不能因任何理由让客户入住精致套房或行政客房，否则按接单后无法提供服务规则处理。

 工作任务

（1）按照销售门市价和投资额分别给三类客房进行排序。

（2）升房后房价是按照"老房"标准计价还是按照"新房"标准计价？

（3）对客房进行打折销售的意义何在？打折后是否会影响利润？

（4）按照门市价与客房投资形成的收益比对三类客房进行排序，思考这个收益比对客房规划的影响。

（5）讨论三类客房数量规划的策略及理由并进行客房规划。

任务 5-3　餐厅服务计划和运营

酒店的餐厅用来满足客户的餐饮需求。餐厅分为中餐厅、中西多功能餐厅、西餐厅和休闲吧四类，共提供中餐、西餐和休闲吧三类餐饮服务。不同类型餐厅的运营能力不同，不同类型的餐饮服务销售价格也不同。

会议客户、住宿散客和餐饮散客都有餐饮需求，但需要的类型和数量有所不同。此外，当期的餐饮销售规模，也会影响相应的酒店餐饮品牌指数，进而影响下一期餐饮品牌偏好订单的获取。

餐厅计划和运营任务的内容是合理利用现有的餐厅资源，以此来满足用户需求，提升酒店的盈利水平，并且在此基础上，平衡可以影响订单获取的酒店餐饮品牌指数能力。

表 5-3 为餐厅的分类、运营能力和价格。

餐厅服务计划和运营管理的规则如下。

1. 餐厅规划

餐厅布置除中西多功能餐厅外不能改变，休闲吧只为内部客户提供服务，休闲吧午餐、晚餐时段可以作为临时中餐厅功能使用一次，但结算时需为客人提供 9 折优惠。

表5-3　餐厅的分类、运营能力和价格

序号	类型	设备	数量/张	报价/[元/（人·餐）]	备注
1	中餐厅（大）	10人桌	20	168	会议客户享受门市价8折优惠
		大型包间（15～20人桌）	10	168	
2	中西多功能餐厅	8人桌	10	中餐168，西餐198	
		4人桌	10	中餐168，西餐198	
3	西餐厅	4人桌	60	198	
4	休闲吧	2人桌	10	98	
		4人桌	10	98	

　　中西多功能餐厅可以改造成20间客房，按改造的相应房型进行投资，也可以改造成总面积为280 m² 的一间或多间会议室，投资标准同表5-1酒店会议室规划。发生第二次改造时，之前投资按半价折旧处置。会议室的改造费为300元/m²，客房的改造费为1万元/间。

2. 餐饮定价、结算和优惠

　　酒店产品报价可以在门市价基础上打折销售，按9.5折、9折、8.5折、8折等对外报价，但每项报价不能低于会议客户享受的报价。

　　餐厅接待第一批客人按餐厅报价结算，安排第二批客人时按报价的9折结算，第三批客人按报价的8折结算。以此类推，要给客户更低折扣以满足客户等待的损失，休闲吧常规接待数量以桌椅数量的3倍为单位，超出后给顾客8折优惠。

　　会议客户就餐时享受折上折优惠，即享受8折优惠基础上如果被安排在第二批、第三批就餐，继续享受9折、8折优惠。

3. 餐厅使用

　　会议客户不与其他客人拼桌；客房客户就餐时只按各自团队（一张订单确定一个团队）就座。

 工作任务

　　（1）计算中餐厅、中西多功能餐厅、西餐厅和休闲吧在满负荷的情况下，单批次分别可以接待多少客户？

　　（2）根据规则，餐厅在某一时间段（如午餐或晚餐）接待客户的数量是否有上限？

　　（3）餐饮产品打折的意义是什么？

（4）根据规则，来自不同订单的客户是否可以拼桌？

（5）如何利用餐厅资源才能提高酒店的收益？

扩展阅读

酒店管理的产品和服务

酒店的产品和服务与传统的制造业的有很大的不同，产品和服务呈现服务与产品一体性、客人参与性、人即服务、变化性、不可储存性、快捷性等特点。

1. 服务与产品一体性

产品与服务是统一的、不可分离的，客人支付了房间的价格，则意味着购买了产品和服务。这些服务是无形的、无法用图片来描述。酒店提供看得见的有形产品时，包含了无形的服务。

2. 客人参与性

客人入住经济型酒店，从入门开始到退房甚至退房后，接到酒店的回访电话或在网址上进行评价，都是参与服务的过程。服务的生产和提供时，客人也在参与，如送餐服务、收发传真服务等。

3. 人即服务

经济型酒店服务的特点是人的参与，从为客人办理入住、打扫酒店卫生、为其办理退房等都是客人与酒店的员工直接发生交际行为和服务过程。员工的音容笑貌、一言一行都会为客人带来不同的感受，而这些感受同样是服务。其他客人的行为也影响到客人对服务的感受，比如，客人在餐厅用餐时，旁边客人的举动、是否喧哗等都影响着客人的感受。

4. 变化性

变化性，是指服务的标准比较难以完全执行，即使经过很好的培训，也难免出现问题和错误。客人在酒店入住的过程中，会受到其他因素的影响，有些不是酒店员工能左右的。人，是易变的，无法保持每天是一个状态、做事情是一样的标准，所以每天的服务不是完全一样的。

5. 不可储存性

服务即产品，服务的生产和使用同时发生，不可以提前生产出来并储存起来用于服务。客房的房间售出一天，则意味着客人的入住时间仅仅是一天，而未售出的客房闲置起来，当天则毫无价值。同样地，餐位等都是当天有效的。

6. 快捷性

经济型酒店提供的服务主要是住宿和用餐。客人追求的是效率和舒适，所以在服务时不能让客人等待时间太长，快捷成为服务质量的重要标志。酒店的产品与服务的这些特点告诉我们，如果想让客人获得满意的服务，要讲究服务效率、标准服务基础上的灵活应变、服务过程中与客人的友好互动。服务无止境、服务无"标准"，客人满意就是标准。

酒店管理的经营指标

作为酒店的管理者，最重要、最核心的就是获取酒店的盈利。因为服务与收入是相辅相成的。没有服务的收益是没有根基的。获取酒店盈利，管理者需要关注的收入指标有平均日房价、客房出租率和每间房可售房收入，它们是最重要的三项指标。

1. 平均日房价

房价就是房间的销售价格。平均日房价，是衡量一间房的价格高低的指标。

房价高低的决定因素有：酒店硬件设施、服务、本地周边酒店房价、季节、入住率、地理位置等。

计算公式为

$$平均日房价 = \frac{客房房费收入}{房间出租数量}$$

举个例子：一个酒店昨日房费收入 10 000 元，房间数量为 50 间，那么平均日房价为 200 元。

2. 客房出租率

客房出租率，指房间出租数量与酒店可用房的总房量的百分比。所谓可用房，通常不包含自用房、维修房。

客房出租率是反映酒店（宾馆）经营状况的一项重要指标。其计算公式为

$$客房出租率 = \frac{房间出租数}{可出租客房总数} \times 100\%$$

3. 每间房可售房收入

每间房可售房收入（revenue per available room，RevPAR）是指每间可用房产生的平均实际营业收入，用客房实际总收入除以客房总数，但一般都用实际平均房价乘以出租率表示，结果都是一样的。

RevPAR 作为基本业绩指标，已在国际酒店业普遍采用，可以反映每间客房为基础所产生的客房收入，因此能够衡量酒店客房库存管理的效果。

显然，这三项收入指标的重要性不言而喻，但管理者还需要关注其他收入指标，如可用房平均房价、预订率、团队入住率和平均逗留期等，只有综合把握酒店的各个数据和详细的指标，才能在酒店管理中做到运筹帷幄，成竹在胸。

 项目 6

会 计 核 算

 内容概要

（1）利润的核算规则和利润表的编制规则；
（2）资产负债表的编制规则。

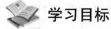 **学习目标**

（1）能够根据利润的核算规则和利润表的编制规则进行利润核算和编制利润表；
（2）能够根据资产负债表的编制规则编制资产负债表。

酒店营销、运营等经营管理行为的目标是创造价值，获得盈利，要使这个过程更加有效，就要对经营管理过程进行监控和评价，根据结果进行经营管理策略的调整，而财务核算就是这个监控过程的主要内容。

任务 6-1　利润的核算和利润表的编制

利润表是反映酒店一定会计期间（如月度、季度、半年度或年度）生产经营成果的会计报表。酒店一定会计期间的经营成果既可能表现为盈利，也可能表现为亏损，因此，利润表也被称为损益表。它全面揭示了酒店在某一特定时期实现的各种收入、发生的各种费用、成本或支出，以及酒店实现的利润或发生的亏损情况。

利润表编制的原理是"收入－费用＝利润"的会计平衡公式和收入与费用的配比原则。

在生产经营中酒店不断地发生各种费用支出，同时取得各种收入，收入减去费用就是酒店的盈利。取得的收入和发生的相关费用的对比情况就是酒店的经营成果。如果酒店经营不当，发生的生产经营费用超过取得的收入，酒店就发生了亏损；反之，酒店就能取得一定的利润。会计部门应定期（一般按月份）核算酒店的经营成果，并将核算结果编制成报表，这就形成了利润表。

利润的核算一般采取多步式损益表的格式将内容作多项分类。从销售总额开始，多步式损益表分以下几步展示酒店的经营成果及其影响因素。

（1）反映销售净额，即销售总额减销货退回与折让，以及销售税金后的余额。

（2）反映销售毛利，即销售净额减销售成本后的余额。

（3）反映销售利润，即销售毛利减销售费用、管理费用、财务费用等期间费用后的余额。

（4）反映营业利润，即销售利润加上其他业务利润后的余额。

（5）反映利润总额，即营业利润加（减）投资净收益、营业外收支、会计方法变更对前期损益的累积影响等项目后的余额。

（6）反映所得税后利润，即利润总额减应计所得税（支出）后的余额。

利润表和综合管理费用明细表分别如表 6-1 和表 6-2 所示。

表 6-1　利润表　　　　　　　　　　　　　　　　　元

序号	项目	上期数	本期数	备注
1	销售收入（会议、客房、餐饮）			
2	直接成本（销售员工工资）			

续表

序号	项目	上期数	本期数	备注
3	毛利			3＝1-2
4	综合费用			综合费用表
5	支付利息前利润			5＝3-4
6	折旧			
7	折旧前利润			7＝5-6
8	财务支出（利息）			
9	税前利润			9＝7-8
10	所得税			10＝9×25%
11	净利润			11＝9-10

注：会议客户的收入按会议、客房、餐饮等分别计收。

表6-2　综合管理费用明细表　　　　　　　　　　　　　　　元

序号	项目	金额	备注
1	管理费		
2	管理人员工资		
3	广告费		
4	渠道开发费		
5	维修保养费		
6	租金		
7	其他（经济补偿费等）		
8	合计		

利润表中的"综合费用"项目包括销售费用、管理费用、财务费用等期间费用，由综合管理费用明细表中的项目汇总而来。

 工作任务

（1）销售总额如果是含税的，税收部分是否可以认定为销售收入？

（2）预收货款是否可以认定为销售收入？

（3）当期采购的原材料未销售部分是否为当期的直接成本？

（4）成本和费用有何区别？

（5）阐述净利润是如何计算出来的。

任务 6-2 资产负债表的编制

1. 资产负债表的概念

资产负债表主要说明一家公司在经营时，拥有多少资产，积欠供应商与银行多少债务，以及向股东拿了多少钱来经营事业，如图 6-1 所示。它是一个"平衡的报表"，遵循会计恒等式：资产（asset）= 负债（debt）+股东收益（equity）。资产负债表是一个定量的概念，表示的是具体某一天（比如 2019 年 12 月 31 日）一家公司的资产和负债情况。

2. 资产负债表的主要作用

资产负债表反映找钱（负债和股东权益）和花钱（资产）状况。资产负债表的右边反映的是钱的来源，也就是钱是从哪来，哪些是股东出资（股东权益），哪些是从银行借的（负债）。资产负债表的左边反映的是钱的用途，也就是钱花到哪里去了，哪些变成了原材料、产品，哪些变成了厂房、设备等，哪些还是现金。

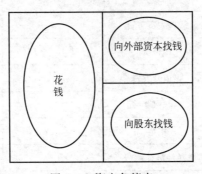

图 6-1 资产负债表

3. 资产负债表的编制

资产负债表根据资产、负债、所有者权益（或股东权益）之间的钩稽关系，按照一定的分类标准和顺序，把酒店一定日期的资产、负债和所有者权益各项目予以适当排列。资产负债表分左右两方，左方为资产项目，大体按资产的流动性大小排列，流动性大的资产如"货币资金"等排在前面，流动性小的资产如"固定资产"等排在后面。右方为负债及所有者权益项目，一般按要求清偿时间的先后顺序排列，短期借款、应付账款等需要在一年以内或者长于一年的一个正常营业周期内偿还的流动负债排在前面，长期借款等在一年以上才需偿还的非流动负债排在中间，在酒店清算之前不需要偿还的所有者权益项目排在后面。

资产负债表中的资产各项目的合计等于负债和所有者权益各项目的合计，即资产负债表左方和右方平衡。通过账户式资产负债表，可以反映资产、负债、所有者权益之间的内在关系，如表6-3所示。

表6-3 资产负债表

资产	期初数	期末数	负债和所有者权益	期初数	期末数
流动资产：			负债：		
货币资金			短期借款		
			应交税费		
流动资产合计			负债合计		
非流动资产：			所有者权益：		
客房投资			股东资本		
会议室投资			利润留存		
餐厅及休闲吧投资			本期净利		
非流动资产合计			所有者权益合计		
资产总计			负债和所有者权益总计		

 工作任务

（1）当期产生的应交税金是否影响利润？

（2）当期产生的应交税金是否实际缴纳？应该何时缴纳？

（3）股东资本在什么情况下会变动？

（4）利润留存填写的内容是什么？

（5）本期净利填写的内容是什么？

（6）固定资产折旧是否影响利润？

 扩展阅读

资产负债表的解读

资产负债表、损益表、现金流量表和所有者权益变动表四张财务报表中，资产负债表是核心，其他几张表都是对资产负债表某个项目的解释和说明。因此，资产负债表是对酒店整体状况的概括性描述，可以从其中看出一家酒店经营和管理的好坏。

资产负债表按照"资产＝负债＋所有者权益"的结构，从左到右、从上到下排列。资产是酒店资金的占用，是能够给酒店带来收益的资源，负债和所有者权益是酒店资金的两种不同来源，是酒店要承担的代价。

1. 资产分析

资产是酒店用以安身立命的根本，是酒店综合实力的反映。

首先，分析资产规模的变化情况。

处于成长期或发展前景好的酒店，资产规模肯定在不断增加；同时，要结合行业整体发展，看这家酒店所处的行业性质，是国家大力支持的，还是限制或需要被整改的行业。酒店资产的规模应当跟行业发展趋势相一致。行业在萎缩，酒店资产规模却在扩大，那么肯定存在某种问题，值得关注。

其次，分析资产的结构或构成。

把资产分成两类：经营性资产和金融资产（投资性资产）。比较这两类资产在总资产中的占比如何，可以看出这家酒店的主营业务。对于酒店而言，应该是以对应酒店运营的经营性资产为主。如果某家酒店投资性资产占比很大，说明这家酒店主营业务有点问题，值得关注。

最后，具体资产项目进行分析。

通过以上两点，可以对酒店整体状况有个大概判断，然后再针对各个资产项目详细地进行考察。

1）货币资金/银行存款

货币资金往往被分析者所忽略，因为正常情况下酒店不会持有太多的闲置现金。要结合行业的发展去看，一般成长型的行业投资机会多，酒店不太可能有大量闲置现金的；如果酒店持有大量现金（与其他酒店比较现金的大小），说明这家酒店资金管理有问题或缺少投资机会。

2）应收账款/应收票据

应收账款一般与营业收入结合一起解读，看看酒店的收入中，有多少是尚未收回的，也能反映出酒店的赊销政策变化。其实，从另外的角度解读应收项目，可以看到酒店在市场中的地位。应收款多，意味着别人欠酒店的钱多，酒店地位不够强势，谈判能力较弱。与之相反的是应付项目，如果应付款多，说明酒店欠别人的钱多，除非酒店真的没钱，否则说明酒店本身强势，能够大量占用别人的资金。另外，还要关注应收账款的客户来源、所属行业。

3）存货

存货是酒店最重要的资产，出售存货才能给酒店带来收入。但是存货又是酒店最容易操

纵的项目，因为存货成本的计价方法有多种，不同的计价方法对利润的影响也很大。

需要关注两个问题：一是存货大量增加或减少；二是存货周转率的变化。

存货大量增加或减少，可能是因为酒店存货管理能力的变化，也可能是酒店在调节利润。原材料从开始加工到最后销售之前，都以存货的形式存在。只有存货对外销售出去后，才会结转到成本中去，而成本的大小直接影响到利润。如果酒店销售产品后不结转成本，则存货规模就会变大，利润也会变大。因此要看存货周转率，与其他酒店比较，看看自家酒店周转的快慢。如果出现上面的情况，那么周转肯定很慢。

4）固定资产

固定资产有的是生产经营类的，如厂房、机器设备；有的是供管理部门使用的，如计算机、商务车等，应重点关注生产经营类的固定资产规模变化。考虑规模的时候，按照原价去考量更为合理，因为折旧只是会计处理的手段，设备、厂房的生产能力并不是随着折旧的变化而变化，应该是在相当一段时间内，这类资产的生产能力保持稳定。对于固定资产，要考察固定资产的使用效率，即这类资产有没有给酒店带来业务量、收入的增加。一般有这样的逻辑：固定资产增加，生产的存货就应该增加；否则，固定资产就没有产生效率。

首先，计算一下，（存货+成本）/固定资产，分子代表生产规模；如果这个值比较大，说明固定资产的利用效率比较高。

然后，计算一下，主营业务利润/固定资产，看看固定资产的利润贡献度。

5）投资性资产

主要应关注长期股权投资，结合现金流量表中投资活动产生的现金流入。因为投资性资产持有的目的就是赚钱，如果这部分资产没有带来现金流入，说明资产的利用效率不高，存在投资泡沫，就是光投资不赚钱。

6）其他应收款

关联酒店的借款，一般是放在其他应收款。现实中，有的酒店为了掩饰关联方借款，利用存货的不可测量性（如煤矿酒店、海产品养殖酒店），把这部分借款放到存货中，然后再计提存货跌价准备，这样这部分借款就完整地转移到关联方，不留痕迹。所以对于其他应收款，首先，要看看是不是关联方借款，有没有借款协议。如果规模太大，说明关联方交易比较严重；然后再看看关联方是谁，如果是这家酒店的母公司，那么这笔钱比较难收回；如果是子公司，比较容易收回。

2. 负债与所有者权益分析

1）应付票据/应付账款

应付项目反映酒店占用别人资金的规模，一定程度上反映酒店的谈判能力以及在行业中的地位。应付票据，应关注银行承兑汇票多还是商业承兑汇票多。如果是商业承兑汇票多，说明对方客户比较信任该酒店。

2）短期借款

短期内需要偿还的借款，偿还压力比较大，因此短期借款只适用于短期项目资金，一般是用来周转酒店资金。对照一下酒店的货币资金规模，如果货币资金规模远远大于短期借款，那么酒店一方面有大量闲置资金，另一方面有短期的利息费用支出，可能资金分派方面有问题。

3）长期借款

长期借款一般用于长期投资项目，如购置固定资产等。结合固定资产分析，看一下长期借款的使用效率。

4）实收资本与资本公积

实收资本与资本公积之和，就是股东投入酒店的资源。实收资本是酒店实际收到的资金，一般情况下与酒店的工商注册资金一致。资本公积包含的内容比较多，如资本（股本）溢价、其他资本公积、酒店收到的捐赠等。资本公积一般用于转增资本，不体现所有者对酒店的产权关系，更多体现的是资本市场对酒店的估值溢价，因此相比较实收资本，资本公积不稳定，会随着资本市场的波动发生变动。

看一家酒店的实力，更多的应看实收资本的规模。如果资本公积过大，则酒店在稳定性方面不足。

5）盈余公积和未分配利润

这两项代表酒店赚取的利润，是酒店成长能力的体现。酒店对于未分配利润享有较高的自主权，因此重点关注酒店如何使用这部分利润。如果酒店存在大量的分红，可能说明酒店缺乏明确的投资机会。正常情况下，酒店应利用赚取的利润进行再生产，比如购买固定资产项目。

杜邦分析法

杜邦分析法是用来综合分析酒店竞争能力以及如何进行改善的方法。

杜邦分析法，用 ROE（权益回报率）来衡量一个公司办得好不好。其计算公式表示为

$$ROE = 净利润/所有者权益$$

通俗来说，你和小明共同出资 100 万元，再找小亮借了 100 万元开设了一个包子铺，从会计的角度，股东（你和小明）的投入是 100 万元，公司负债 100 万元，第一年扣除各种费用和还小亮的利息还赚了 24 万元，这时候你公司的 ROE 就是 24%。所以，ROE 就是投入的一元钱自有资本能够带来几块钱的利润。

如果隔壁小刚办的包子铺的 ROE 为 50%，你和小明很疑惑，凭啥大家都是卖差不多的包子，为什么小刚就赚到比我们多呢？

单看 ROE 难以分析出内在原因，这个时候就要用到杜邦分析法了。杜邦分析法将 ROE 分成了三个部分，分别是：销售净利率、资产周转率、权益乘数。

$$销售净利润 = \frac{净利润}{销售额}$$

$$资产周转率 = \frac{销售额}{总资产}$$

衡量的是营运的效率。如果你和小刚的包子铺总资产都是 200 万元，但是小刚却能实现 500 万元的销售，你却只有 300 万元，则说明小刚包子铺的营运效率比你和小明的包子铺高，通俗地讲，即每一元钱总资产可以创造多少销售额。

$$权益乘数 = \frac{总资产}{所有者权益}$$

权益乘数又叫作杠杆率，用来衡量酒店负债经营的情况。前面说到了，你和小明一起投了 100 万元，又找小亮借了 100 万元，那么你们包子铺的权益乘数便是 200/100＝2。

现在所有的数据都收集到了，我们来看看为啥小刚的包子铺办得比你和小明好。

杜邦分析公式为

ROE＝销售净利率×资产周转率×权益乘数

你和小明：   24%＝10%×1.2×2

小刚：   50%＝20%×0.625×4

通过上面的对比，你发现了造成 ROE 不同的原因，下面再逐一分析。

首先看销售净利率，小刚的包子铺是你的两倍，比如每卖出 100 元钱包子，你只能赚 10 元钱，而小刚可以赚 20 元。再具体分析时发现，你主要卖豆沙包之类，而机智的小刚不仅卖豆沙包，还卖肉包，而肉包的利润率超级高，正是由于产品结构不同导致了利润率的差异。所以你和小明决定明年也开始卖肉包。（当然，这里只举了产品结构影响净利润的例子，实际上产品结构影响毛利率，毛利率再与期间费用一起共同影响净利润）

再看总资产周转率，你和小明包子铺的总资产周转率还是很高的，基本是小刚的两倍，说明你和小明的营运效率还是很高，要继续保持！

对于 ROE，为何两个包子铺还是差这么多？原来出在杠杆率上。小刚以前是某顶尖名校金融专业毕业，但是无奈就业竞争太大，最后只能回老家开包子铺。但是小刚没有荒废自己的专业，深谙资本运作之道，小刚找七大姑八大爷借了大批无息贷款，加足了杠杆来开包子铺。所以，最后体现在 ROE 上就是小刚比你和小明的包子铺 ROE 高了一截。

这就是杜邦分析法的威力了，从三个不同的角度来审视公司的运营，来发现如何进行改善以及分析现有的公司优劣势。

　　最后，你和小明会像小刚一样加杠杆吗？那就看你们对风险的态度了。风险是一个双侧的概念，既能够快速帮助公司发展，也能将公司毁灭。如果你是一个风险偏好型的人，你也许会像小刚一样加杠杆，但是同时也面临经营业绩不景气、无法偿还利息而被迫卖掉包子铺的结局。

附录A

营销及运营管理流程表格

A1　第一期模拟经营

第一期模拟经营所需各种表格如表 A-1～表 A-6。

表 A-1　第一期工作流程表

序号	工作内容	记录	备注
1	现金盘点		
2	缴纳税费		
3	规划会议（研判市场、分析酒店自身及竞争对手）		
4	资金筹措（还本付息、借款）		
5	自主安排客房类型		
6	自主安排会议室类型		
7	（15 名）销售人员工作安排		第二期开始人数变化
8	广告投放渠道开发/签约		
9	广告投放安排		
10	酒店产品报价（客房、餐饮、会议）		
11	核定相关权重指数		
12	会议选单		
13	午餐餐饮散客选单		
14	上午会议安排（含入账）		
15	休闲吧消费安排（含入账）		散客（行政客房）
16	午餐安排第一批（中、西餐入账）		
	午餐安排第二批（中、西餐入账）		
	午餐安排第三批（只能安排西餐入账）		
17	上期入住客人离店		

续表

序号	工作内容	记录	备注
18	下午会议安排（入账）		
19	客房散客选单		
20	住宿安排（入账，含会议）		
21	休闲吧消费安排（含入账）		散客（套房类客户）
22	晚餐餐饮散客选单		
23	晚餐安排第一批（中、西餐入账）		
23	晚餐安排第二批（中、西餐入账）		
23	晚餐安排第三批（只能安排西餐入账）		
24	支付销售员工工资（15 名）		
25	支付管理团队工资		
26	客房调整		
27	会议室调整		
28	餐厅改造		
29	计算维修保养费		
30	计算酒店管理费		
31	计算酒店租金		
32	计算现金收入		
32	计算现金支出		
32	现金账、实盘点		
33	财务结算（报表）		
34	期末会议（总结、述职）		

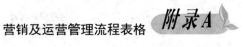

表A-2　第一期营销决策表

营销决策表							
酒店编组				第　期			
营销类型		销售影响因子			决策输入	销售指数	
人员销售	渠道类型	会议	住宿	餐饮	雇佣人数	会议 住宿 餐饮	
	电话销售	8	5	0			
	网站直销	5	7	0			
	第三方网站（携程、艺龙等）	3	7	5			
	线下旅行社	0	7	5			
	政府、行业酒店直销	7	0	5			
	交易及展览中心	9	0	0			
	合计						
广告营销	平台类型	会议	住宿	餐饮	金额　指数	会议 住宿 餐饮	
	搜索平台（百度、360等）	1	3	0			
	OTA第三方（携程、艺龙等）	1	2	2			
	微信商城	0	2	3			
	餐饮平台（美团、大众点评等）	0	0	4			
	专业报刊/商业信函	3	0	0			
	合计						
	人员销售指数+广告营销销售指数合计						
品牌营销	酒店客房品牌指数	行政客房数量×2+精致套房数量×3+行政套房数量×5+上一期客房销售额/10 000					
	酒店会议品牌指数	40 m² 会议室数量×1+80 m² 会议室数量×2+120 m² 会议室×3+160 m² 会议室数量×4+200/240/280 m² 会议室数量×5+上一期会议销售额/10 000					
	酒店餐饮品牌指数	上一期餐饮销售额/10 000					
定价	行政客房		精致套房			行政套房	
	中餐				西餐		

表 A-3 第一期运营计划表

客户人数	客房			餐厅														会议室																			
	行政客房	精致套房	行政套房	中餐厅				西餐厅		中西多功能厅				休闲吧				800 m^2				600 m^2															
				10 人桌		20 人包间		4 人桌		8 人桌		4 人桌		2 人桌		4 人桌		会议室 A		会议室 B		会议室 1		会议室 2		会议室 3		会议室 4		会议室 5		会议室 6		会议室 7		会议室 8	
				20 张		10 间		60 张		10 张		4 张		10 张		10 张																					
				午	晚	午	晚	午	晚	午	晚	午	晚	午	晚	午	晚	上	下	上	下	上	下	上	下	上	下	上	下	上	下	上	下	上	下	上	下

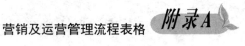

续表

客房			餐厅							会议室										
			中餐厅		西餐厅	中西多功能厅		休闲吧		800 m²		600 m²								
行政客房	精致套房	行政套房	10人桌	20人包间	4人桌	8人桌	4人桌	2人桌	4人桌	会议室A	会议室B	会议室1	会议室2	会议室3	会议室4	会议室5	会议室6	会议室7	会议室8	
			20张	10间	60张	10张	4张	10张	10张											
客户人数			午晚	午晚	午晚	午晚	午晚	午晚	午晚	上下	上下	上下	上下	上下	上下	上下	上下	上下	上下	上下
合计																				

表 A-4　第一期综合管理费用明细表 　　　　　元

序号	项目	金额	备注
1	管理费		
2	管理人员工资		
3	广告费		
4	渠道开发费		
5	维修保养费		
6	租金		
7	其他（经济补偿费等）		
8	合计		

表 A-5　第一期利润表 　　　　　元

序号	项目	上期数	本期数	备注
1	销售收入（会议、客房、餐饮）			
2	直接成本（销售员工工资）			
3	毛利			3＝1-2
4	综合费用			综合费用表
5	支付利息前利润			5＝3-4
6	折旧			
7	折旧前利润			7＝5-6
8	财务支出（利息）			
9	税前利润			9＝7-8
10	所得税			10＝9×25%
11	净利润			11＝9-10

注：会议客户的收入按会议、客房、餐饮等分别计收。

表 A-6　第一期资产负债表 　　　　　元

资产	期初数	期末数	负债和所有者权益	期初数	期末数
流动资产：			负债：		
现金			短期借款		
			应交税费		

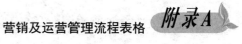

续表

资产	期初数	期末数	负债和所有者权益	期初数	期末数
流动资产合计			负债合计		
非流动资产：			所有者权益：		
客房投资			股东资本		
会议室投资			利润留存		
餐厅及休闲吧投资			本期净利		
非流动资产合计			所有者权益合计		
资产总计			负债和所有者权益总计		

A2 第二期模拟经营

第二期模拟经营所需各种表格如表 A–7～表 A–12 所示。

表 A–7 第二期工作流程表

序号	工作内容	记录	备注
1	现金盘点		
2	缴纳税费		
3	规划会议（研判市场、分析酒店自身及竞争对手）		
4	资金筹措（还本付息、借款）		
5	自主安排客房类型		
6	自主安排会议室类型		
7	（15 名）销售人员工作安排		第二期开始人数变化
8	广告投放渠道开发/签约		
9	广告投放安排		
10	酒店产品报价（客房、餐饮、会议）		
11	核定相关权重指数		
12	会议选单		
13	午餐餐饮散客选单		
14	上午会议安排（含入账）		
15	休闲吧消费安排（含入账）		散客（行政客房）
16	午餐安排第一批（中、西餐入账）		
16	午餐安排第二批（中、西餐入账）		
16	午餐安排第三批（只能安排西餐入账）		
17	上期入住客人离店		
18	下午会议安排（入账）		

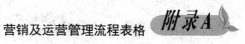

续表

序号	工作内容	记录	备注
19	客房散客选单		
20	住宿安排（入账，含会议）		
21	休闲吧消费安排（含入账）		散客（套房类客户）
22	晚餐餐饮散客选单		
23	晚餐安排第一批（中、西餐入账）		
	晚餐安排第二批（中、西餐入账）		
	晚餐安排第三批（只能安排西餐入账）		
24	支付销售员工工资（15名）		
25	支付管理团队工资		
26	客房调整		
27	会议室调整		
28	餐厅改造		
29	计算维修保养费		
30	计算酒店管理费		
31	计算酒店租金		
32	计算现金收入		
	计算现金支出		
	现金账、实盘点		
33	财务结算（报表）		
34	期末会议（总结、述职）		

表 A-8　第二期营销决策表

营销决策表							
酒店编组				第　　　期			
营销类型		销售影响因子			决策输入	销售指数	
	渠道类型	会议	住宿	餐饮	雇佣人数	会议 住宿 餐饮	
人员销售	电话销售	8	5	0			
	网站直销	5	7	0			
	第三方网站（携程、艺龙等）	3	7	5			
	线下旅行社	0	7	5			
	政府、行业酒店直销	7	0	5			
	交易及展览中心	9	0	0			
	合计						
	平台类型	会议	住宿	餐饮	金额 指数	会议 住宿 餐饮	
广告营销	搜索平台（百度、360等）	1	3	0			
	OTA第三方（携程、艺龙等）	1	2	2			
	微信商城	0	2	3			
	餐饮平台（美团、大众点评等）	0	0	4			
	专业报刊/商业信函	3	0	0			
	合计						
	人员销售指数+广告营销销售指数合计						
品牌营销	酒店客房品牌指数	行政客房数量×2+精致套房数量×3+行政套房数量×5+上一期客房销售额/10 000					
	酒店会议品牌指数	40 m² 会议室数量×1+80 m² 会议室数量×2+120 m² 会议室×3+160 m² 会议室数量×4+（200/240/280 m² 会议室数量）×5+上一期会议销售额/10 000					
	酒店餐饮品牌指数	上一期餐饮销售额/10 000					
定价	行政客房			精致套房		行政套房	
	中餐				西餐		

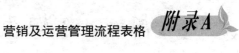

表A-9　第二期运营计划表

客户人数	客房			餐厅					休闲吧			会议室 100 m²		会议室 600 m²								
	行政客房	精致套房	行政套房	中餐厅		西餐厅	中西多功能厅		4人桌	2人桌	4人桌	会议室A	会议室B	会议室1	会议室2	会议室3	会议室4	会议室5	会议室6	会议室7	会议室8
				10人桌 20张	20人包间 10间	4人桌 60张	8人桌 10张		4张	10张	10张										
				午 晚	午 晚	午 晚	午 晚		午 晚	午 晚	午 晚	上 下	上 下	上 下	上 下	上 下	上 下	上 下	上 下	上 下	上 下

续表

客户人数	客房			餐厅									会议室									
	行政客房	精致套房	行政套房	中餐厅		西餐厅	中西多功能厅		休闲吧			800 m²		600 m²								
				10人桌 20张	20人包间 10间	4人桌 60张	8人桌 10张	4人桌 4张	2人桌 10张	4人桌 10张		会议室A	会议室B	会议室1	会议室2	会议室3	会议室4	会议室5	会议室6	会议室7	会议室8
				午 晚	午 晚	午 晚	午 晚	午 晚	午 晚	午 晚		上 下	上 下	上 下	上 下	上 下	上 下	上 下	上 下	上 下	上 下
合计																					

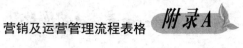

表 A-10　第二期综合管理费用明细表　　　　　　　　　　　　　　元

序号	项目	金额	备注
1	管理费		
2	管理人员工资		
3	广告费		
4	渠道开发费		
5	维修保养费		
6	租金		
7	其他（经济补偿费等）		
8	合计		

表 A-11　第二期利润表　　　　　　　　　　　　　　元

序号	项目	上期数	本期数	备注
1	销售收入（会议、客房、餐饮）			
2	直接成本（销售员工工资）			
3	毛利			3＝1-2
4	综合费用			综合费用表
5	支付利息前利润			5＝3-4
6	折旧			
7	折旧前利润			7＝5-6
8	财务支出（利息）			
9	税前利润			9＝7-8
10	所得税			10＝9×25%
11	净利润			11＝9-10

注：会议客户的收入按会议、客房、餐饮等分别计收。

表 A-12　第二期资产负债表　　　　　　　　　　　　　　元

资产	期初数	期末数	负债和所有者权益	期初数	期末数
流动资产：			负债：		
现金			短期借款		
			应交税费		

资产	期初数	期末数	负债和所有者权益	期初数	期末数
流动资产合计			负债合计		
非流动资产:			所有者权益:		
客房投资			股东资本		
会议室投资			利润留存		
餐厅及休闲吧投资			本期净利		
非流动资产合计			所有者权益合计		
资产总计			负债和所有者权益总计		

A3　第三期模拟经营

第三期模拟经营所需各种表格如表 A-13～表 A-18 所示。

表 A-13　第三期工作流程表

序号	工作内容	记录	备注
1	现金盘点		
2	缴纳税费		
3	规划会议（研判市场、分析酒店自身及竞争对手）		
4	资金筹措（还本付息、借款）		
5	自主安排客房类型		
6	自主安排会议室类型		
7	（15名）销售人员工作安排		第二期开始人数变化
8	广告投放渠道开发/签约		
9	广告投放安排		
10	酒店产品报价（客房、餐饮、会议）		
11	核定相关权重指数		
12	会议选单		
13	午餐餐饮散客选单		
14	上午会议安排（含入账）		
15	休闲吧消费安排（含入账）		散客（行政客房）
16	午餐安排第一批（中、西餐入账）		
	午餐安排第二批（中、西餐入账）		
	午餐安排第三批（只能安排西餐入账）		
17	上期入住客人离店		
18	下午会议安排（入账）		

序号	工作内容	记录	备注
19	客房散客选单		
20	住宿安排（入账，含会议）		
21	休闲吧消费安排（含入账）		散客（套房类客户）
22	晚餐餐饮散客选单		
23	晚餐安排第一批（中、西餐入账）		
	晚餐安排第二批（中、西餐入账）		
	晚餐安排第三批（只能安排西餐入账）		
24	支付销售员工工资（15名）		
25	支付管理团队工资		
26	客房调整		
27	会议室调整		
28	餐厅改造		
29	计算维修保养费		
30	计算酒店管理费		
31	计算酒店租金		
32	计算现金收入		
	计算现金支出		
	现金账、实盘点		
33	财务结算（报表）		
34	期末会议（总结、述职）		

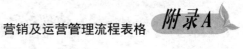

表 A-14　第三期营销决策表

<table>
<tr><td colspan="11" align="center">营销决策表</td></tr>
<tr><td colspan="4" align="center">酒店编组</td><td colspan="7" align="center">第　　期</td></tr>
<tr><td colspan="2" rowspan="2">营销类型</td><td colspan="4" align="center">销售影响因子</td><td align="center">决策输入</td><td colspan="3" align="center">销售指数</td></tr>
<tr><td align="center">渠道类型</td><td align="center">会议</td><td align="center">住宿</td><td align="center">餐饮</td><td align="center">雇佣人数</td><td align="center">会议</td><td align="center">住宿</td><td align="center">餐饮</td></tr>
<tr><td rowspan="7">人员销售</td><td>电话销售</td><td>8</td><td>5</td><td>0</td><td></td><td></td><td></td><td></td></tr>
<tr><td>网站直销</td><td>5</td><td>7</td><td>0</td><td></td><td></td><td></td><td></td></tr>
<tr><td>第三方网站（携程、艺龙等）</td><td>3</td><td>7</td><td>5</td><td></td><td></td><td></td><td></td></tr>
<tr><td>线下旅行社</td><td>0</td><td>7</td><td>5</td><td></td><td></td><td></td><td></td></tr>
<tr><td>政府、行业酒店直销</td><td>7</td><td>0</td><td>5</td><td></td><td></td><td></td><td></td></tr>
<tr><td>交易及展览中心</td><td>9</td><td>0</td><td>0</td><td></td><td></td><td></td><td></td></tr>
<tr><td colspan="4" align="center">合计</td><td></td><td></td><td></td><td></td></tr>
<tr><td rowspan="7">广告营销</td><td>平台类型</td><td align="center">会议</td><td align="center">住宿</td><td align="center">餐饮</td><td align="center">金额</td><td align="center">指数</td><td align="center">会议</td><td align="center">住宿</td><td align="center">餐饮</td></tr>
<tr><td>搜索平台（百度、360等）</td><td>1</td><td>3</td><td>0</td><td></td><td></td><td></td><td></td><td></td></tr>
<tr><td>OTA第三方（携程、艺龙等）</td><td>1</td><td>2</td><td>2</td><td></td><td></td><td></td><td></td><td></td></tr>
<tr><td>微信商城</td><td>0</td><td>2</td><td>3</td><td></td><td></td><td></td><td></td><td></td></tr>
<tr><td>餐饮平台（美团、大众点评等）</td><td>0</td><td>0</td><td>4</td><td></td><td></td><td></td><td></td><td></td></tr>
<tr><td>专业报刊/商业信函</td><td>3</td><td>0</td><td>0</td><td></td><td></td><td></td><td></td><td></td></tr>
<tr><td colspan="4" align="center">合计</td><td></td><td></td><td></td><td></td><td></td></tr>
<tr><td colspan="6" align="center">人员销售指数+广告营销销售指数合计</td><td></td><td></td><td></td><td></td></tr>
<tr><td rowspan="3">品牌营销</td><td>酒店客房品牌指数</td><td colspan="9">行政客房数量×2+精致套房数量×3+行政套房数量×5+上一期客房销售额/10 000</td></tr>
<tr><td>酒店会议品牌指数</td><td colspan="9">40 m² 会议室数量×1+80 m² 会议室数量×2+120 m² 会议室×3+160 m² 会议室数量×4+（200/240/280 m² 会议室数量）×5+上一期会议销售额/10 000</td></tr>
<tr><td>酒店餐饮品牌指数</td><td colspan="9">上一期餐饮销售额/10 000</td></tr>
<tr><td rowspan="4">定价</td><td colspan="3" align="center">行政客房</td><td colspan="4" align="center">精致套房</td><td colspan="3" align="center">行政套房</td></tr>
<tr><td colspan="3"></td><td colspan="4"></td><td colspan="3"></td></tr>
<tr><td colspan="5" align="center">中餐</td><td colspan="5" align="center">西餐</td></tr>
<tr><td colspan="5"></td><td colspan="5"></td></tr>
</table>

表 A-15　第三期运营计划表

客户人数	客房			餐厅								会议室									
	行政客房	行政套房	精致套房	中餐厅		西餐厅	中西多功能厅		休闲吧		800 m²					600 m²					
				10人桌 20张	20人包间 10间	4人桌 60张	8人桌 10张	4人桌 4张	2人桌 10张	4人桌 10张	会议室A	会议室B	会议室1	会议室2	会议室3	会议室4	会议室5	会议室6	会议室7	会议室8	
				午 晚	午 晚	午 晚	午 晚	午 晚	午 晚	午 晚	上 下	上 下	上 下	上 下	上 下	上 下	上 下	上 下	上 下	上 下	

续表

客户人数	客房			餐厅								会议室										
	行政客房	精致套房（行政套房）	行政套房	中餐厅		西餐厅	中西多功能厅		休闲吧			800 m²		600 m²								
				10人桌	20人包间	4人桌	8人桌	4人桌	2人桌	4人桌		会议室A	会议室B	会议室1	会议室2	会议室3	会议室4	会议室5	会议室6	会议室7	会议室8	
				20张	10间	60张	10张	4张	10张	10张		上 下	上 下	上 下	上 下	上 下	上 下	上 下	上 下	上 下	上 下	
				午 晚	午 晚	午 晚	午 晚	午 晚	午 晚	午 晚												

合计

表 A-16　第三期综合管理费用明细表　　　　　　　　　　　　　　　　　　元

序号	项目	金额	备注
1	管理费		
2	管理人员工资		
3	广告费		
4	渠道开发费		
5	维修保养费		
6	租金		
7	其他（经济补偿费等）		
8	合计		

表 A-17　第三期利润表　　　　　　　　　　　　　　　　　　　　　　　　元

序号	项目	上期数	本期数	备注
1	销售收入（会议、客房、餐饮）			
2	直接成本（销售员工工资）			
3	毛利			3＝1-2
4	综合费用			综合费用表
5	支付利息前利润			5＝3-4
6	折旧			
7	折旧前利润			7＝5-6
8	财务支出（利息）			
9	税前利润			9＝7-8
10	所得税			10＝9×25%
11	净利润			11＝9-10

注：会议客户的收入按会议、客房、餐饮等分别计收。

表 A-18　第三期资产负债表　　　　　　　　　　　　　　　　　　　　　　元

资产	期初数	期末数	负债和所有者权益	期初数	期末数
流动资产：			负债：		
现金			短期借款		
			应交税费		

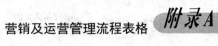

续表

资产	期初数	期末数	负债和所有者权益	期初数	期末数
流动资产合计			负债合计		
非流动资产:			所有者权益:		
客房投资			股东资本		
会议室投资			利润留存		
餐厅及休闲吧投资			本期净利		
非流动资产合计			所有者权益合计		
资产总计			负债和所有者权益总计		

A4 第四期模拟经营

第四期模拟经营所需各种表格如表 A-19～表 A-24 所示。

表 A-19 第四期工作流程表

序号	工作内容	记录	备注
1	现金盘点		
2	缴纳税费		
3	规划会议（研判市场、分析酒店自身及竞争对手）		
4	资金筹措（还本付息、借款）		
5	自主安排客房类型		
6	自主安排会议室类型		
7	（15 名）销售人员工作安排		第二期开始人数变化
8	广告投放渠道开发/签约		
9	广告投放安排		
10	酒店产品报价（客房、餐饮、会议）		
11	核定相关权重指数		
12	会议选单		
13	午餐餐饮散客选单		
14	上午会议安排（含入账）		
15	休闲吧消费安排（含入账）		散客（行政客房）
16	午餐安排第一批（中、西餐入账）		
	午餐安排第二批（中、西餐入账）		
	午餐安排第三批（只能安排西餐入账）		
17	上期入住客人离店		
18	下午会议安排（入账）		
19	客房散客选单		

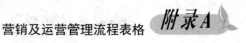

续表

序号	工作内容	记录	备注
20	住宿安排（入账，含会议）		
21	休闲吧消费安排（含入账）		散客（套房类客户）
22	晚餐餐饮散客选单		
23	晚餐安排第一批（中、西餐入账）		
	晚餐安排第二批（中、西餐入账）		
	晚餐安排第三批（只能安排西餐入账）		
24	支付销售员工工资（15 名）		
25	支付管理团队工资		
26	客房调整		
27	会议室调整		
20	餐厅改造		
29	计算维修保养费		
30	计算酒店管理费		
31	计算酒店租金		
32	计算现金收入		
	计算现金支出		
	现金账、实盘点		
33	财务结算（报表）		
34	期末会议（总结、述职）		

表 A-20　第四期营销决策表

营销决策表							
酒店编组				第　　期			
营销类型	销售影响因子			决策输入	销售指数		
渠道类型	会议	住宿	餐饮	雇佣人数	会议	住宿	餐饮
人员销售　电话销售	8	5	0				
网站直销	5	7	0				
第三方网站（携程、艺龙等）	3	7	5				
线下旅行社	0	7	5				
政府、行业酒店直销	7	0	5				
交易及展览中心	9	0	0				
合计							
平台类型	会议	住宿	餐饮	金额	指数	会议	住宿	餐饮
广告营销　搜索平台（百度、360等）	1	3	0				
OTA第三方（携程、艺龙等）	1	2	2				
微信商城	0	2	3				
餐饮平台（美团、大众点评等）	0	0	4				
专业报刊/商业信函	3	0	0				
合计							
人员销售指数+广告营销销售指数合计							
品牌营销　酒店客房品牌指数	行政客房数量×2+精致套房数量×3+行政套房数量×5+上一期客房销售额/10 000						
酒店会议品牌指数	40 m² 会议室数量×1+80 m² 会议室数量×2+120 m² 会议室×3+160 m² 会议室数量×4+（200/240/280 m² 会议室数量）×5+上一期会议销售额/10 000						
酒店餐饮品牌指数	上一期餐饮销售额/10 000						
定价	行政客房			精致套房		行政套房	
	中餐				西餐		

表 A-21　第四期运营计划表

客户人数	客房			餐厅								会议室									
	行政套房	精致套房	行政客房	中餐厅		西餐厅	中西多功能厅		休闲吧		800 m²		600 m²								
				10人桌	20人包间	4人桌	8人桌	4人桌	2人桌	4人桌	会议室A	会议室B	会议室1	会议室2	会议室3	会议室4	会议室5	会议室6	会议室7	会议室8
				20张	10间	60张	10张	4张	10张	10张										
				午 晚	午 晚	午 晚	午 晚	午 晚	午 晚	午 晚	上 下	上 下	上 下	上 下	上 下	上 下	上 下	上 下	上 下	上 下

续表

客户人数	客房		餐厅								会议室										合计
			中餐厅		西餐厅	中西多功能厅		休闲吧			800 m²		600 m²								
	行政客房	精致套房 行政套房	10人桌 20张	20人包间 10间	4人桌 60张	8人桌 10张	4人桌 4张	2人桌 10张	4人桌 10张		会议室A	会议室B	会议室1	会议室2	会议室3	会议室4	会议室5	会议室6	会议室7	会议室8	
			午 晚	午 晚	午 晚	午 晚	午 晚	午 晚	午 晚		上 下	上 下	上 下	上 下	上 下	上 下	上 下	上 下	上 下	上 下	

表 A-22　第四期综合管理费用明细表　　　　　　　　　　　　　　　　元

序号	项目	金额	备注
1	管理费		
2	管理人员工资		
3	广告费		
4	渠道开发费		
5	维修保养费		
6	租金		
7	其他（经济补偿费等）		
8	合计		

表 A-23　第四期利润表　　　　　　　　　　　　　　　　元

序号	项目	上期数	本期数	备注
1	销售收入（会议、客房、餐饮）			
2	直接成本（销售员工工资）			
3	毛利			3=1-2
4	综合费用			综合费用表
5	支付利息前利润			5=3-4
6	折旧			
7	折旧前利润			7=5-6
8	财务支出（利息）			
9	税前利润			9=7-8
10	所得税			10=9×25%
11	净利润			11=9-10

注：会议客户的收入按会议、客房、餐饮等分别计收。

表 A-24　第四期资产负债表　　　　　　　　　　　　　　　　元

资产	期初数	期末数	负债和所有者权益	期初数	期末数
流动资产：			负债：		
现金			短期借款		
			应交税费		

资产	期初数	期末数	负债和所有者权益	期初数	期末数
流动资产合计			负债合计		
非流动资产：			所有者权益：		
客房投资			股东资本		
会议室投资			利润留存		
餐厅及休闲吧投资			本期净利		
非流动资产合计			所有者权益合计		
资产总计			负债和所有者权益总计		

附录B

"酒店市场营销管理沙盘"课程标准

一、课程性质

技能训练课

二、课程开设学期及基准学时、学分

（1）课程开设学期：第四学期。

（2）基准学时：32 学时。

（3）学分：2 学分。

三、先修课程

市场营销学、酒店管理

四、课程内容及学习目标

1. 课程内容

（1）酒店经营管理任务及其结构。

（2）酒店的资源状态和酒店的组织规则。

（3）品牌的概念和酒店品牌的设计方法。

（4）市场细分的概念及规则，酒店目标市场的特征。

（5）竞单规则、无法履约的处理规则、酒店营销能力的形成规则。

（6）会议室和客房的规划及营运规则，餐厅服务计划及营运规则。

（7）酒店财务报表的编制规则。

（8）现金预算及制订计划的方法。

2. 学习目标

（1）熟悉酒店的典型经营管理任务，并且能够梳理清楚其脉络关系。

（2）能够根据资产负债表对酒店的资源状态进行分析和解读，能够应用酒店的组织规则设计和形成酒店的组织结构，建立分工协作关系。

（3）能够根据酒店品牌设计的规则设计酒店名称、logo 和广告语。

（4）能够根据市场细分的概念和规则进行市场细分，根据给定的市场数据分析和推理市场特征信息。

（5）具备综合分析及决策能力，能够根据酒店所处的环境特征及经营目标制定总体战略、具体的营销及运营策略，制订财务预算和形成工作计划。

（6）能够应用竞单规则获取订单，应用营销能力的形成规则构建酒店的营销能力，制定营销策略，应用无法履约的处理规则处理违约。

（7）能够应用会议室的规划规则进行会议室规划和运营，应用客房的规划规则进行客房规划和运营，应用餐厅服务计划、运营规则进行资源计划和开展运营活动。

（8）能够根据利润的核算规则和利润表的编制规则进行利润核算和编制利润表，能够根据资产负债表的编制规则编制资产负债表。

（9）能够进行财务报表分析，总结和反思酒店经营及管理的得失。

（10）树立团队合作，全局、共赢的观念。

（11）能够用业务数据制作各种动态信息图表，以辅助决策。

（12）具备良好的沟通和表达能力。

五、课程内容与学时安排（表 B-1）

表 B-1　课程内容与学时安排

项目编号	项目名称	项目内容	主要教学知识点	学习目标	学时
1	酒店管理团队构建	模拟规则讲解，筹建酒店管理组织	1. 组织的基本形式及构成 2. 人员的选聘与组织 3. 岗位职责与职能定位 4. 酒店命名、团队搭建	1. 熟悉酒店各主要岗位的职能及岗位要求 2. 分析自身的兴趣及特长，选择并熟悉岗位 3. 掌握招聘与应聘的流程、方法与技巧 4. 初步建立组织团队，树立合作意识	4

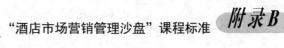

续表

项目编号	项目名称	项目内容	主要教学知识点	学习目标	学时
2	酒店模拟运营	起始期模拟经营	1. 酒店主要工作岗位工作 2. 酒店业务流程	掌握主要工作岗位职责，掌握工作方法，熟悉酒店内部业务流、资金流、信息流、物流及商务流	2
		第一期模拟经营	1. 酒店战略管理、计划管理 2. 酒店定位管理 3. 财务报表制作 4. 市场分析 5. 季度工作总结	学会进行酒店的战略、计划管理；通过市场分析，确定酒店定位；制作简单的财务报表	6
		第二期模拟经营	1. 酒店人力资源管理（招聘、培训、晋升、工资及辞退等） 2. 酒店竞争战略管理 3. 酒店客房管理 4. 财务报表分析 5. 季度工作总结	进行酒店人力资源管理规划；结合酒店竞争发展战略，对客房资源进行合理规划、布局；学会通过报表进行经营分析	6
		第三期模拟经营	1. SWOT 分析法 2. 头脑风暴法 3. 滚动计划法 4. PDCA 循环工作法；持续改进 5. 5W2H 工作法 6. 季度工作总结	掌握主要教学知识点内容，使学生能够把管理理论与实践进行有效结合	6
		第四期模拟经营	1. 精细化管理 2. 年度工作总结	掌握主要教学知识点内容，使学生能够把管理理论与实践进行有效结合	4
		撰写酒店运营报告、各组交流	1. 运营报告撰写、汇报 2. 酒店负责人点评本酒店工作人员绩效	撰写完整的酒店运营报告，制作PPT汇报交流	4

六、训练任务（表B-2）

表B-2　训练任务

序号	项目名称	训练任务	实现的能力目标	相关支撑知识	训练方式、手段、步骤	结果
1	酒店组织机构及团队构建	1. 制定招聘启事 2. 设计个人简历 3. 召开招聘会、面试 4. 设计酒店定位 5. 酒店展示及宣传	1. 能够分析酒店的岗位职责及对人才的要求 2. 能够明确自身的兴趣及特长，进行初步职业生涯规划 3. 掌握招聘的流程 4. 掌握应聘的方法与技巧 5. 学会酒店定位管理	1. 组织结构及职权配置 2. 职业生涯设计 3. 人员的选聘	以学生为主体，教师辅助组织与指导 1. 招聘CEO 2. 制定岗位职责，并给出各职位的招聘启事 3. 个人设计简历 4. 召开招聘、面试会 5. 组织员工召开第一次企业大会 6. 设计酒店基本信息并展示	招聘启事；个人简历；组成各企业团队
2	酒店运营模拟	1. 酒店四期的模拟运营 2. 完成岗位工作计划、管理过程工作记录 3. 期末酒店运营总结及个人总结	1. 熟悉酒店运作流程 2. 掌握酒店中、短期计划的制订 3. 掌握酒店运作各工作的规程及方法 4. 能够实现部门间的有效协作	1. 酒店管理 2. 组织行为学 3. 客房管理 4. 市场营销 5. 人力资源管理	学生分组进行： 1. 期初规划 2. 四期的模拟经营 3. 季末总结、交流 4. 教师点评	财务报表、个人（酒店）每期工作总结
3	酒店模拟经营总结	以组为单位对酒店四期经营过程及学习收获进行总结	1. 具备运用所学理论知识，分析、解决管理问题的能力 2. 具备在过程中学习及总结经验和归纳方法的能力	1. 管理学相关知识的储备 2. 演示文稿的制作	1. 分组总结 2. 制作演示文稿 3. 组间交流 4. 教师点评	酒店经营总结及学习收获与体会

七、考核标准或方案（表B-3）

表B-3　考核标准或方案

项目编号	考核点所占比例	建议考核方式	评价标准			
			优	良	中	及格
1	岗位职责的制定；招聘启事的撰写；个人简历的设计（酒店组织设置）10%	教师评价、组员互评	能正确制定各岗位职责，内容具体全面；招聘启事的书写符合格式规范，内容合理，语言简明，表述清晰；个人简历内容新颖，符合要求（组织结构及职权配置最佳；职业生涯设计和人员的选聘合理；酒店名称和广告语设计有新意）	制定的各岗位职责，内容较全面；招聘启事的书写符合格式规范，内容较合理，语言简明，表述清晰；个人简历符合要求（组织结构及职权配置较好；职业生涯设计和人员的选聘基本合理；酒店名称和广告语设计符合要求）	制定的各岗位职责，内容较全面；招聘启事内容较合理；个人简历符合要求（组织结构及职权配置一般；职业生涯设计和人员的选聘尚可；酒店名称和广告语设计一般）	能够制定岗位职责；撰写的招聘启事和个人简历基本符合要求（组织结构及职权配置、职业生涯设计和人员的选聘不合理；酒店名称和广告语设计有漏洞）
2	酒店经营竞争模拟 20%	教师评价、组员互评	在酒店四期的模拟经营过程中，积极参与企业的决策；恪尽职守；工作记录齐全；对企业的经营有重大贡献；能够与其他组员充分交流，配合默契	在酒店四期的模拟经营过程中，表现较积极；认真完成本职工作；工作记录较全；对企业的经营有较大贡献；能够与其他组员交流、合作	在酒店四期的模拟经营过程中，能够认真对待，独立完成自己负责的工作任务；并能够在需要时与其他组员交流、配合	在酒店四期的模拟经营过程中，能够在教师和其他组员的帮助下，完成所负责的工作
3	酒店经营结果总结（酒店经营报告）20%	教师评价、组员互评	能够对经营过程的得与失进行总结；能够与所学理论知识紧密结合，归纳要点；通过模拟企业的经营对企业的管理及组织有深刻的认识和体会；能够客观评价企业经营的情况；语言表述清晰，逻辑性强（能在规定时间内熟练、扼要地陈述公司经营状况，分析准确，语言流畅，表达准确）	能够对经营过程的得与失进行总结；能够与所学理论知识相结合；通过模拟企业的经营对企业的管理及组织有较深刻的认识和体会（能在规定时间内比较流利、清晰地说明公司经营状况，思路清晰，表达准确）	能够对经营过程的得与失进行总结；能够与所学理论知识相结合；通过模拟企业的经营对企业的管理及组织有一定的认识和体会（能在规定时间叙述公司经营状况，无原则性错误）	能够对经营过程的得与失进行总结；通过模拟企业的经营对企业的管理及组织有一定的认识和体会（能在规定时间内能说明公司经营状况，但条理不够明确，对某些主要问题的回答不够恰当）

续表

项目编号	考核点所占比例	建议考核方式	评价标准			
			优	良	中	及格
4	酒店经营的排名 20%	教师评价、组员互评	经营盈利	经营收益一般	盈亏平衡	经营亏损
5	经营活动记录齐全 10%	教师评价、组员互评	编制的报表和记录内容完整，数字正确，格式标准，书写清晰	编制的报表和记录内容基本完整，数字正确，格式较标准，书写较清晰	编制的报表和记录内容基本完整，数字正确，格式较标准，书写欠清晰	编制的报表和记录内容欠完整，数字正确，格式基本符合要求，书写欠清晰
6	公共考核点 20%（出勤率 10%，学习态度 4%，团队合作精神 2%，交流及表达能力 2%，组织协调能力 2%）	组员自评、教师评价	出勤率 100%	出勤率 95%	出勤率 90%以下	出勤率 80%以下
		教师评价	学习积极性高，谦虚好学	学习积极性较高	能够进行学习	没有厌学现象
		组员互评	具有良好的团队合作精神，热心帮助组内其他成员	具有较好的团队合作精神，能帮助组内其他成员	具有较好的团队合作精神	能配合小组完成项目任务
		组员互评、教师评价	能独立分析问题，并用专业语言正确流利地表述个人观点，表达沟通能力强	能用专业语言正确、较为流利表述个人观点	能较为流利地阐述，表达沟通能力一般	能基本正确地表述观点
		组员互评、教师评价	能根据工作任务，正确地控制、激励和协调小组活动过程	能根据工作任务，较为正确地控制、激励和协调小组活动过程	能根据工作任务，顺利地与其他组员共同完成活动	基本可以与其他组员共同完成活动

八、实训教学条件要求（表 B-4）

表 B-4　实训教学条件要求

实训项目（任务）	实训室	实训资源名称	时间安排
全部课程	旅游管理沙盘实训室	计算机、大屏幕、"酒店市场营销管理沙盘"教学系统	第四学期集中上课（1周）

九、教材资料与网络资源

1. 选用教材

徐公仁，潘砚涛．酒店市场营销管理沙盘实训教程．北京：北京交通大学出版社，2020.

2. 网络资源

（1）http：//www. cmmo. cn.

（2）http：//www. manaren. com.

附录C

酒店市场营销管理沙盘软件安装及操作

1 硬件及安装要求

1.1 系统及硬盘要求

计算机须配置 Windows7 或以上级别的操作系统，暂不支持 XP 系统、Windows Server 2003 及以下级别的操作系统。硬盘要求必须要有 D 盘并留有 100 M 以上可用空间。

1.2 默认安装路径

(1) D：\ 酒店市场营销管理沙盘服务端。

(2) D：\ 酒店市场营销管理沙盘客户端。

1.3 NET Framework 4.0 要求

一般 Windows 操作系统自带 NET Framework 4.0。打开【控制面板】【程序】【程序和功能】，能够看到 Microsoft. NET Framework 4.0 或以上版本插件。

1.4 数据备份与还原

备份路径：D：\ 酒店市场营销管理沙盘服务端 \ Backup。

还原方式如下。

(1) 退出程序，必须退出程序后才能还原数据。

(2) 打开备份路径，将文件里的 Database _ BAK 时间戳 .db 文件，重命名为 Database. db，复制文件。

(3) 替换 D：\ 酒店市场营销管理沙盘服务端 \ Data \ Database. db 文件即可。

1.5 常见错误

(1) 双击快捷方式若没有反应，则可能是因为没有安装 NET Framework 4.0。

（2）备份数据异常，则可能是因为系统权限导致，最好不要将安装文件安装在系统 C 盘中。

2　软件登录

2.1　登录

软件采用 C/S 架构，分服务端、客户端（分教师端、学生端），桌面图标如图 C-1 所示。

图 C-1　桌面图标

2.2　服务端登录说明

必须先设置好端口（如 8091），然后保存。客户端的端口要同服务端的端口一致（见 2.3 客户端（教师/学生）登录），否则客户端无法访问。服务端必须单击启动后客户端才能正常使用。可以进行数据备份，以免数据丢失。数据还原需要将备份文件重命名后，覆盖原文件。服务端口控制按钮如图 C-2 所示。

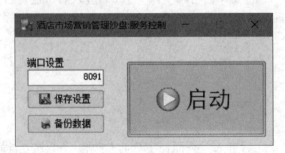

图 C-2　服务端口控制按钮

2.3　客户端（教师/学生）登录说明

登录如图 C-3 所示。

图 C-3　登录图

登录程序运行时会提示需要设置服务器 IP 与端口（见图 C-4），需要配置好服务端的 IP 地址与端口设置，可以是局域网，也可以是外网。

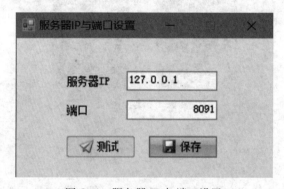

图 C-4　服务器 IP 与端口设置

管理员、教师使用同一用户名登录，初始用户名为 admin，密码默认是 1，可以通过双击可修改密码。学生登录会有专门的用户名及班级设置、人员设置，各组用户名默认为 A10，B10，C10，D10，E10，F10，密码默认为 123。进入后可进行班级设置（如 2020 酒店管理 1 班），并进行人员设置。

3　软件操作

3.1　主页面的操作

（1）教师或学生登录之后进入主页面，主页面左边包括九个功能菜单按钮：

① 班级设置；

② 人员设置；

③ 酒店设置；

④ 酒店选单；

⑤ 酒店选单设计；

酒店市场营销管理沙盘软件安装及操作

⑥ 期间报表；

⑦ 报表分析；

⑧ 培训总结；

⑨ 退出系统。

（2）界面下方有【切换】【修改密码】【清除数据】三个按钮及当前期间、当前班级两个指标栏。

① 双击【切换】按钮可以选择经营期间（本沙盘共有四个经营周期）。

② 双击【修改密码】按钮可以更新密码。

③ 双击【清除数据】按钮可以清空之前录入和产生的数据，请谨慎使用。

④ 当前期间显示当前经营的时期。

⑤ 当前班级显示当前正在学习的班级。

（3）学生登录后首页与教师登录首页基本相同，只是操作权限不同。图 C-5 为进入软件后的主页面。

图 C-5　软件进入后的主页面

3.2　班级设置

（1）班级设置功能为不同的授课班级建立了相应的账套，便于保存和检索相应的数据。

（2）班级设置功能只允许教师（管理员）操作。教师授课时，应根据授课班级不同，通过单击【新增】按钮，添加新建班级。教师进入系统后，可以根据需要选择不同班级，进入即可。

（3）班级设置功能包含【导出】按钮，可以方便教师导出相应的 Excel 数据，便于教师提交资料。每个功能界面均有【导出】按钮，与班级设置功能包含的【导出】按钮功能类似。

（4）在班级设置界面新建班级后，需要单击【刷新】按钮，A、B、C、D、E、F 六组学员才能在学生端顺利登录。六组学生端登录名分别为：A10、B10、C10、D10、E10、F10，默认密码：123，登录名和默认密码可以修改。

图 C-6 为班级设置功能界面。

图 C-6　班级设置功能界面

3.3　人员设置

（1）学生可以在人员设置功能学生端的界面录入分工信息，由 A、B、C、D、E、F 各组学员根据人员分工结果自行填写，单击【提交】按钮后不能修改。

（2）教师可以在人员设置功能教师端界面对学生端提交的信息进行审批。教师端审批、弃审或驳回之后，学生端才能修改数据。

图 C-7 为人员设置功能界面。

图 C-7　人员设置功能界面

3.4　酒店设置

（1）酒店设置功能界面学生端可以录入酒店营销和运营决策的结果。决策数据在指标值列录入，合计行自动汇总。

（2）学生可以在酒店设置功能界面学生端对第 10 行和第 11 行操作指标列的会议室类型指标进行定义。

（3）教师可以在酒店设置功能教师端的界面对学生端提交的信息进行审批。教师端审批、弃审或驳回之后，学生端才能修改数据。

图 C-8 为酒店设置功能界面。

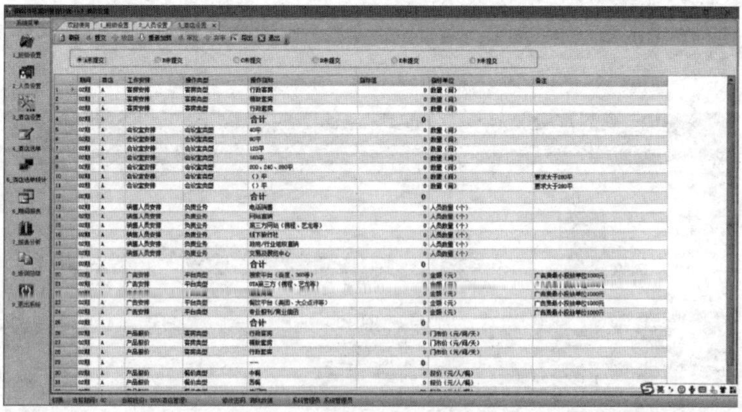

图 C-8　酒店设置功能界面

3.5　酒店选单

（1）酒店选单功能界面只有教师端（管理员）能操作。

（2）选单时需要注意，【客户类型】下拉菜单包括三种客户类型：会议客户、住宿客户、餐饮客户，每种客户类型又可以在【客户需求】下拉菜单被进一步被划分成子类，选单时需要分别进行。

（3）在选单时，如果 6 家酒店在酒店设置功能环节没有被全部审批通过，则会有提示菜单弹出。

若酒店设置功能环节没有被全部审批通过，进行酒店选单时出现的提示菜单，如图 C-9 所示。

图 C-10～图 C-14 为不同类型客户的选单界面示例，界面上部为不同酒店营销力指标值柱状图。

图 C-15 为选单没有全部完成时出现的提示菜单。

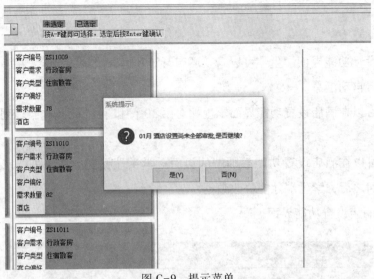

图 C-9　提示菜单

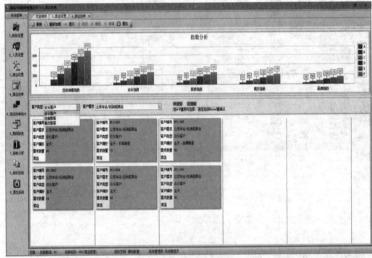

图 C-10　选单界面 1

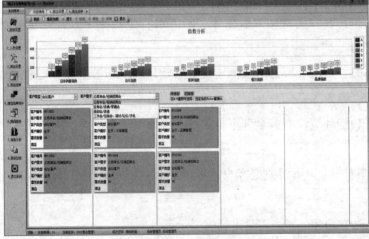

图 C-11　选单界面 2

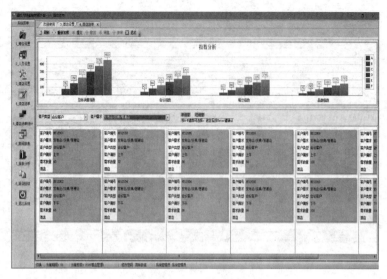

图 C-12　选单界面 3

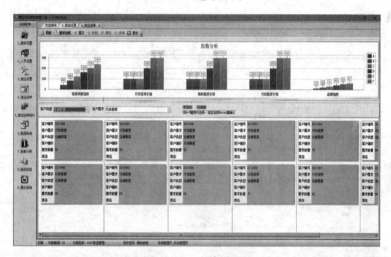

图 C-13　选单界面 4

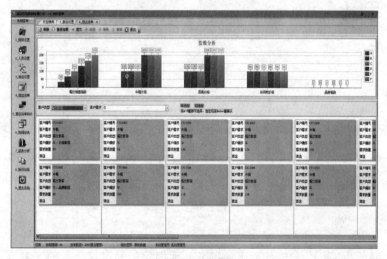

图 C-14　选单界面 5

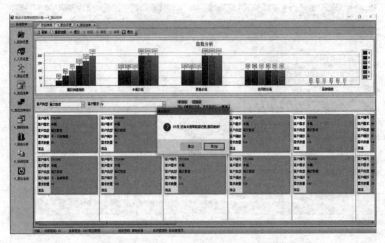

图 C-15　选单没有全部完成时出现的提示菜单

3.6　酒店选单统计

各酒店在选单之后，可以通过酒店选单统计界面查询自己获得订单的结果，便于各酒店监控自己的经营状态。

图 C-16 为订单查询界面示例。

	班级	期间	酒店	客户类型	客户需求		数量
	▽						
1	2020酒店管理1	01期		会议客户	公司年会/经销招商会		451
2	2020酒店管理1	01期		会议客户	发布会/庆典/答谢会		1061
3	2020酒店管理1	01期		会议客户	培训会/讲座		3038
4	2020酒店管理1	01期		会议客户	工作会/总结会、研讨/论坛/沙龙		367
5	2020酒店管理1	01期		住宿散客	豪华套房		206
6	2020酒店管理1	01期		住宿散客	行政套房		137
7	2020酒店管理1	01期		住宿散客	行政客房		830
8	2020酒店管理1	01期		餐饮散客	中餐		3264
9	2020酒店管理1	01期		餐饮散客	西餐		1648
Σ							11002

图 C-16　订单查询界面示例

3.7　期间报表

各酒店财务人员可以在期间报表界面录入财务数据，完成综合管理费用明细表、利润表、资产负债表三个财务报表的填制工作。

图 C-17 为期间报表填制界面示例。

3.8　报表分析

报表分析功能界面可以实现各酒店关键财务数据比较的可视化，便于各酒店在财务数据

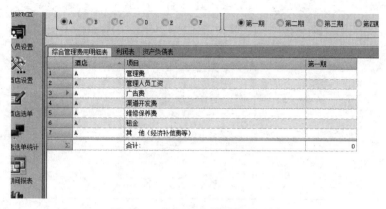

图 C-17　期间报表填制界面示例

录入后对酒店财务状况进行统计分析，以作为酒店经营决策调整的依据。

3.9　培训总结

培训总结功能界面提供了对每个职位进行绩效考核的指标体系（由六个指标组成），并且每个指标被划分成优、良、中、及格、不及格五个等级标准，方便对每个职位的履职情况进行考核。